上海市高校一流学科（法学）建设项目资助

上海政法学院 刑事法学文库

社区矫正专题研究

SHEQUJIAOZHENGZHUANTIYANJIU

骆 群◎著

中国法制出版社
CHINA LEGAL PUBLISHING HOUSE

上海政法学院刑事法学文库
总　　序

上海政法学院是以法学学科为主干，社会学、政治学、经济学、管理学、语言文学等多学科协调发展的政法类院校。其中，刑事法学既是学校创立之初的主导学科，也是学校的优势学科，在依托刑事司法学院的基础上，开设了法学（刑事司法方向）、监狱学（监狱学方向和社区矫正方向）等本科专业，并承担刑法学专业硕士研究生、法律硕士的培养。发展至今，学校已为上海乃至全国培养了大批应用型、实践型的政法人才，为社会输出了大批优秀的毕业生。

我校刑事法学在茁壮成长的历程中既经历了风雨又取得了许多骄人的成绩。2005年刑事司法方向被上海市教委批准为上海高校本科教育高地建设项目。2007年刑法学获得上海政法学院校级重点学科建设项目。2009年刑法学被批准为上海市教委第五期重点学科建设项目。同年，监狱学专业又分别获得教育部特色专业和上海市第三批教育高地立项。之后，监狱学又于2010年获得中央财政的支持，2012年获得上海市高校一流学科（B类）建设的立项。2012年刑法学又获得上海政法学院“十二五”内涵重点学科和硕士点建设项目。2015年监狱学再次获得上海市教委高原学科建设项目。学科队伍形成了老中青的学术梯队，聚集了一批既有相关实践经验又有一定学术造诣的教研人员，其中多人获得地方乃至国家级荣誉称号，并远渡至德国、法国、日本等国进行访学。至今，本学科已承担省部级以上课题十余项，出版著作近百部，发表学术论文数百篇。

我院刑事法学立足于刑事一体化视野研究，经过多年的打造，已经形成了独特的学科优势和特色，犯罪学、刑事政策学、监狱学（监狱学方向和社区矫正方向）、青少年犯罪学研究处于全国领先地位。

在犯罪学领域，具有中国犯罪学学会副会长一人，常务理事四人，理事若干人。中国犯罪学研究会预防犯罪专业委员会设在我院，《犯罪学论坛》已经成为国内有影响的出版物，在犯罪学基础理论研究、预防犯罪研究等方面颇有建树。依托犯罪学科成立的“社会治安综合治理研究中心”与上海市社会治安综合治理研究所通力协作，为上海市社会治安综合治理建言献策提供了理论支撑。

在刑事政策学领域，从广义刑事政策学视角出发，出版了《中国刑事政策原理》《中国刑事政策的建构理性》等著作，承担了国家社会科学基金、司法部、上海市哲学社会科学、上海市教委的科研项目，《刑事政策论坛》作为国内唯一研究刑事政策的出版物已经出版了四辑，从事刑事政策研究的学术梯队已经形成，并在国内学术研究中具有一定的影响力。

在监狱学研究领域，监狱学专业和学科是上海高校唯一、全国高校为数不多的本科特色专业和重点学科。学校拥有三十多年的监狱学专业和学科的发展历史，积累了比较丰富的教学科研经验。特别是近几年来，在监狱学专业和学科建设上取得的成绩令人瞩目。先后出版二十多本监狱学专业和学科的教材、专著，发表专业论文两百多篇。获得省部级以上科研项目多项，一批科研成果获奖。2009 年监狱学专业获得教育部第四批特色专业建设点立项，2009 年学校刑法学专业被批准为上海市第五期重点学科建设项目，其中监狱学学科为重点研究方向之一。2011 年以来，监狱学专业和学科连续获得中央财政支持地方高校发展专项资金项目，2012 年获得上海高校一流学科法学学科建设重点项目，其中监狱学为重点建设方向之一，2015 年又获上海高校高原学科法学学科建设项目，其中监狱学为重点打造方向之一。

在社区矫正研究领域，2002 年 8 月，上海社区矫正试点工作在市委政法委的直接领导下开展，我校参与了上海社区矫正的研究和运作方案的设计。从 2003 年开始，我校先后承担了上海市委政法委、上海市司法局委托的有关社区矫正的课题，起草上海市“社区矫正地方性法规”的草案，对社区矫正服刑人员进行风险评估、服刑人员个案选编、社区矫正评价体系的构建等专题研究，成为上海等地区开展社区矫正的指导和工作用书。我校最早开设社区矫正系列课程和成立社区矫正研究中心，据国家书目查询系统提供数据，我校最早出版了社区矫正书籍（《美国矫正制度概述》1997年）。崔会如教授在其2010年出版的《社区矫正实现研究》（P86～87）一书中提及，社区矫正研究取得成果数量最高的是上海，最多的是上海政法学院。2008、2009、2010、2014年，我校先后承担4项社区矫正的国家社科基金项目，2项教委重点项目、2项司法部项目和1项中国法学会项目，我校社区矫正教学和学术研究在全国具有一定的影响。

在青少年犯罪学研究领域，我校也在国内居于领先地位。在刑法学硕士点下设了专门的青少年犯罪与司法方向，依托中国预防青少年犯罪研究会、上海市法学会未成年人法研究会、上海市预防青少年犯罪研究会等设置了“全国青少年犯罪与司法研究及服务中心”，形成了具有较强竞争力的学科梯队，出版了《青少年犯罪与司法论要》《少年法院的学理论证与方案设计》《法学的童真》等数十部著作，发表论文两百余篇。

为了适应学科发展的需要，给学科建设人员提供更广阔的平台，使我校刑事法学再上一个新台阶，“刑事法学文库”的出版发行无疑对此具有强大的推动作用，也是我校刑事法学发展历程上的新起点。同时，也以此为契机，为我国刑事法学的发展尽些绵薄之力。

刑事法学与其他部门法学最大之不同在于其研究对象主要是犯罪，然而犯罪是使人厌恶的，会给人带来不愉快的感觉，故而研究犯罪的刑事法学与社会的灰暗总是如影相随，这就要求我们每个刑事法学的研究者始终保有一颗价值无涉的公正之心，“刑事法学文库”将予以明证。

严　励

2015年10月

目　　录

第一专题　社区矫正的立法思考

第二专题　社区矫正对象的范围

第三专题　社区矫正工作中的衔接问题

第四专题　社区矫正的奖惩制度

第五专题　社区矫正的监督机制

第六专题　社区矫正中的被害人参与

第七专题 保外就医制度之完善

第八专题 女性社区矫正对象的矫治

第九专题 社区服务刑之探索

第一专题　社区矫正的立法思考

作为刑事执行重要组成部分的社区矫正，我国自2003年试点以来，其立法问题就一直受到理论界和实务部门的关注。当然，社区矫正立法问题的重要性毋庸置疑，为此展开的讨论也非常广泛，但相对我国的现实情况而言，社区矫正的立法模式和《社区矫正法》出台的时机问题又是具有统领性的宏观问题，故而本专题在叙述我国社区矫正的立法现状与不足的基础上将以上两个问题作为探讨的主要对象。

一、我国社区矫正的立法现状与不足

（一）我国社区矫正立法的现状

从世界范围来看，第一部《社区矫正法》诞生于1973年的美国明尼苏达州。然而，在我国大陆，社区矫正起步较晚，也没有专门的《社区矫正法》，但从试点至今出台了一系列有关社区矫正的法律规范及其相关规定。其中，属于法律的是：2011年2月25日第十一届全国人民代表大会常委会第十九次会议表决通过的《刑法修正案（八）》，其首次将“社区矫正”这一概念写入基本法的刑法，明确规定对判处管制、宣告缓刑、裁定假释的犯罪分子，依法实行社区矫正。这在我国社区矫正立法化的历程中具有里程碑的意义，使我国“社区矫正”进入“法律”时代。其后，同样作为基本法的《刑事诉讼法》（于2012年3月14日第十一届全国人民代表大会第五次会议修订，2013年1月1日实施）也进行了修改，其中，第258条规定：“对被判处管制、宣告缓刑、假释或者暂予监外执行的罪犯，依法实行社区矫正，由社区矫正机构负责执行。”2012年10月26日，第十一届全国人民代表大会常务委员会第二十九次会议对《监狱法》进行了修订，其中也具有了“社区矫正”的概念。至此，无论是实体法还是程序法抑或执行法都给予了社区矫正法律地位。另外，还有国家层面的一系列规范性文件（可见文后附录）。

除了法律和国家层面的规范性文件之外，我国各地结合本地社区矫正试行的实际情况，也出台实施了社区矫正的相关规定，其中不仅有省级层面的，也有地市级层面的。

为了贯彻落实党的十八届三中全会通过的《中共中央关于全面深化改革若干重大问题的决定》中提出的要“健全社区矫正制度”，以及习近平总书记于2014年在听取司法部工作汇报时的重要指示：“社区矫正已在试点的基础上全面推开，新情况新问题会不断出现。要持续跟踪完善社区矫正制度，加快推进相关立法，理顺工作体制机制，加强矫正机构和队伍建设，切实提高社区矫正工作水平。”于是，党的十八届四中全会通过的《中共中央关于全面推进依法治国若干重大问题的决定》中明确提出“制定社区矫正法”。至2016年12月1日，国务院法制办公室公布了《社区矫正法（征求意见稿）》，全文共5章36条，从而使我国《社区矫正法》的出台又向前迈出了历史性的一步。

（二）我国社区矫正立法的不足

我国自社区矫正探索性的试点以来，制定和出台的法律和一系列规范性文件为社区矫正在我国的萌芽和生长起到了很好的规范指引和保障作用，其取得的成效也是有目共睹。但是，无论是规范本身还是实务中的运用所体现的不足之处也非常明显。

1. 规范地位的尴尬。目前，《刑法》《刑事诉讼法》和《监狱法》等法律虽然有“社区矫正”的规定，但更像是宣誓性的规定，司法实践中主要还是适用《社区矫正实施办法》等相关的规范性文件，而这些规范性文件又不具有法律的地位。正如有学者较早所作的分析，“两院两部”《关于开展社区矫正试点工作的通知》、“两院两部”《关于扩大社区矫正试点范围的通知》和“两院两部”《关于在全国试行社区矫正工作的意见》三个法律文件性质不明确，因为其包含内容已经突破了部门规章的界限，明显具有立法的性质，然而其发布主体却都不具有立法权限。同时这些文件也已经突破了《刑法》和

《刑事诉讼法》的规定，并且是由四个机关联合发布的，因而也不属于司法解释。① 类似情形在其他相关规范性文件中也存在。另外，《社区矫正实施办法》作为衔接和落实《刑法》和《刑事诉讼法》社区矫正的暂时规定，属于推进社区矫正制度化、规范化、法制化建设的重要举措，但因在法律效力位阶上仅仅具有“司法解释”的地位，其本身具有限制人身自由的属性和诉讼制度（诉讼中的执行制度）的内容，与《立法法》第8条规定的“下列事项只能制定法律：……（五）对公民政治权利的剥夺、限制人身自由的强制措施和处罚……（十）诉讼和仲裁制度……”存在一定的紧张关系。② 这些情形无疑都使现有的社区矫正规范性文件处于尴尬的地位。

2. 概念用语的不统一。除了《刑法》《刑事诉讼法》《监狱法》等法律以及其他规范性文件将被判处有罪而即将或已经进入执行阶段的人称为“犯罪分子”“罪犯”和“犯人”之外（无论是监禁的还是非监禁的），还有其他的各种称谓。与非监禁的社区矫正相关的规范性文件（无论是全国性的还是地方性的），有的称为“社区服刑人员”，如2003年发布的《最高人民法院、最高人民检察院、公安部、司法部关于开展社区矫正试点工作的通知》中规定：“……加强对社区服刑人员的管理和监督……”；有的称为“社区矫正人员”，如2012年3月1日起施行的《社区矫正实施办法》，2013年1月1日起施行的《最高人民法院、最高人民检察院、公安部、国家安全部、司法部、全国人大常委会法制工作委员会关于刑事诉讼法实施中若干问题的规定》第35条规定：“被决定收监执行的社区矫正人员在逃的，社区矫正机构应当立即通知公安机关，由公安机关负责追捕”；有的称为“监外罪犯”，如2006年最高人民检察院下发的《最高人民检察院关于在社区矫正试点工作中加强法律监督的通知》；还有少数称为“社区矫正对象”，如《山西省关于拟适用社区矫正对象社区影响调查评估暂行办法》。当然，同一份规范性文件中，使用不同的称谓现象也有存在。而对于被判处有罪的未成年人往往称为“未成年犯”“未成年罪犯”，比如2006年发布的《最高人民检察院办理未成年人刑事案件的

① 吴宗宪：《社区矫正导论》，中国人民大学出版社2011年版，第73页。

② 郭华：《社区矫正与刑事诉讼法的对接机制——基于“两高”“两部”〈社区矫正实施办法〉的展开》，载《中国司法》2012年第3期。

规定》第41条第1款规定："人民检察院依法对未成年犯的减刑、假释、暂予监外执行等活动实行监督……"，第2款规定："人民检察院发现有关机关对判处管制、缓刑或者裁定、决定假释、暂予监外执行等在社会上执行的未成年罪犯脱管、漏管或者没有落实帮教措施的……"。也有称为"未成年社区矫正人员"的，如2012年制定的《社区矫正实施办法》。这种规范用语上的不统一虽然由于试点时期的特性以及制定主体的差异性所致，但毕竟有损社区矫正制度的严肃性和导致对话交流的模糊性，使理论和实践中造成一定的混乱。另外，也与作为国家刑事执行中重要内容的社区矫正的地位不相符，以及与作为刑事执行中同样重要且具有同等地位的《监狱法》不匹配。

3. 规范之间的不协调。我国自社区矫正试点以来，出台的法律等规范性文件不可谓不多，但相互之间出现不协调的情形也在所难免。比如，对社区矫正执行主体的规定，《刑法修正案（八）》虽然具有了"社区矫正"的规定，但却没有规定具体的执行主体，而2012年的《刑事诉讼法》规定社区矫正的执行主体为社区矫正机构。对收监执行条件的规定，《刑法》第77条的规定是"违反法律、行政法规或者国务院有关部门关于缓刑的监督管理规定，或者违反人民法院判决中的禁止令，情节严重"。而《社区矫正实施办法》第25条的规定是"因违反监督管理规定受到治安管理处罚，仍不改正"。并且对"情节严重"和"仍不改正"都没有予以明确的规定，导致实践中的各行其是。2013年天津市某区共有3名社区服刑人员因吸毒被处以治安管理处罚。其中3名社区服刑人员均被区司法局以违反监管规定受到行政处罚为由提请相关法院收监执行；2014年一名社区服刑人员被以同样理由提请后，相关法院却以其不满足收监执行条件为由，不予以收监执行。① 这就是对于类似情形而适用不同法律或规范性文件而得出不同结果的现实案例。另外，"因社区矫正管理操作层面缺乏全国统一规范的制度，各省市因地制宜地发布一些管理规定和文件，这些规定和文件或过于粗糙，或者不够全面，或者定性定量上比较模糊，或者实践可操作性不够，或者涉及部门较多，主责部门、牵头部

① 赵凯：《社区服刑人员收监执行工作中的难题与破解——以天津市某区三年来社区服刑人员收监执行实务为视角》，载刘强、姜爱东主编：《社区矫正评论》（第六卷），中国人民公安大学出版社2016年版，第117页。

门不明确，致使这项严肃执法工作的各个环节难以规范和统一，影响了刑罚执行的严肃性、统一性、权威性，不利于社区矫正管理工作的整体发展”①。因此，这些地方性的规范性文件使规制社区矫正的规范之间的不协调性变得更加突出。

4. 法律责任的简略。“法律责任作为法律运行的保障机制，是法治不可缺少的环节。”② 那么，作为完备的法律规范，法律责任就应是其中不可缺少的重要内容。然而，通观我国现有社区矫正的法律等规范性文件，尤其是对执法和监管（工作）者，一般都没有法律责任的相关规定，有些至多规定一些宣告性的义务，而没有制裁性的后果。比如，2004 年的《司法行政机关社区矫正工作暂行办法》第 15 条规定：“社区矫正工作者应当遵守社区矫正规章制度，认真履行职责，公道正派，廉洁自律。”即使某些规范性文件进行了相关规定，也非常简略。比如，2012 年的《社区矫正实施办法》第 38 条规定：“在实施社区矫正过程中，司法工作人员有玩忽职守、徇私舞弊、滥用职权等违法违纪行为的，依法给予相应处分；构成犯罪的，依法追究刑事责任。”2014 年的《暂予监外执行规定》第 32 条规定：“在暂予监外执行执法工作中，司法工作人员或者从事诊断、检查、鉴别等工作的相关人员有玩忽职守、徇私舞弊、滥用职权等违法违纪行为的，依法给予相应的处分；构成犯罪的，依法追究刑事责任。”而 2016 年公布的《社区矫正法（征求意见稿）》中，既没有“法律责任”的章节，也没有相关法律责任的条文。③ 若条

---

① 缪文海：《社会管理创新视野下的社区矫正创新》，载《广西青年干部学院学报》2013 年第 5 期。

② 张文显：《法哲学范畴研究》（修订版），中国政法大学出版社 2001 年版，第 116 页。

③ 目前学界或实务界所提出的《社区矫正法》建议稿中，都多多少少有法律责任的内容。甚至有人对完善社区矫正的法律责任提出如下具体设想：一方面，规定国家机关及其工作人员的法律责任。国家机关及其工作人员在社区矫正工作中，未按照规定履行相应职责的，由其所在单位或者上级主管部门责令改正；情节严重的，对直接负责的主管人员和直接责任人员给予处分。另一方面，规定社区矫正机构及其工作人员的法律责任。社区矫正执法人员有下列行为之一，构成犯罪的，依法追究刑事责任；尚未构成犯罪的，依法给予行政处分：一是索要、收受社区服刑人员及其亲属的财物；二是玩忽职守，造成社区服刑人员脱离监管；三是滥用监管措施，体罚、虐待、侮辱社区服刑人员；四是剥夺、侵犯社区服刑人员合法权益；五是违反规定办理调查评估、考核奖惩或者执行变更事项；六是发生脱管、漏管、非正常死亡、违法犯罪等问题隐瞒不报的，造成严重后果；七是法律法规规定的其他违法行为。社会工作者、社会志愿者有实施上述行为的，予以训诫、警告；情节严重的，予以辞退、解聘；构成犯罪的，依法追究刑事责任。湖北省司法厅课题组：《社区矫正立法问题研究》，载《中国司法》2012 年第 11 期。

文仅仅号召、要求、提倡有关机关或者人员如何执行刑罚，对于违反这些号召性规定的违法行为，往往没有规定明确的法律责任。结果，导致大量规定充满“弹性”，得不到严格遵守和执行。① 因此，若未来我国制定《社区矫正法》时，与法律责任相关内容的完善也是立法时需要着重考虑的方面。

总之，笔者认为，以上这些不足的现实状况，虽然有损社区矫正在刑事执行中的“形象”以及其在整个法律体系中的地位，乃至于在实践中造成一定程度的“扑朔迷离”甚至混乱，并且也不利于社区矫正在人们心目中的形塑。因此，制定一部统一的《社区矫正法》是社区矫正制度具有独立的法制地位的必然趋势。但是，目前这些情况也是我国处于不成熟的探索阶段难以回避的问题，对于我国这样经济、地域、文化都存在着很大差异的现状，我们只能继续在积累总结经验的基础上，由点到面、由部分到整体循序渐进地推进，而不能操之过急。在这个过程中，对于较为成熟可行的就先行通过规范性文件予以“固定”，先解决能够解决也必须解决的问题。

二、我国社区矫正立法模式的选择

（一）域外社区矫正的立法模式

域外社区矫正的立法模式，通过学者的归纳，大致分为以下几种：②

1. 专门的社区矫正法律。如美国明尼苏达州，在1973年由州议会通过了美国也是世界上的第一个《社区矫正法》，用于在全州范围内规范地方政府的社区矫正计划、社区矫正项目的发展、对犯罪人执行刑罚和为犯罪人提供服务，以及资助县级地方政府社区矫正运作的相关权利义务关系。到1996年，美国相继有28个州通过了社区矫正或类似于社区矫正的地方性法规。又如芬兰的《社区服务法》、德国的《德意志联邦共和国少年法院法》和针对未成年人社区矫正的中国台湾地区的《少年事件实施细则》，都对社区矫正做出了比较详细的专门性规定。

---

① 吴宗宪：《论〈监狱法〉的修改与完善》，载《中国社会科学院研究生院学报》2010年第1期。

② 刘强主编：《各国（地区）社区矫正法规选编及评价》，中国人民公安大学出版社2004年版，第2～3页；王顺安：《社区矫正研究》，山东人民出版社2008年版，第258～259页。

2. 专门的刑事执行法律。即通过专门的刑事执行法典将所有刑法和刑事诉讼法规定的刑种、刑罚制度、措施，尤其是监禁刑和非监禁刑的行刑与矫正活动予以统一规范。如德国的《刑罚执行法》、俄罗斯联邦的《刑事执行法典》、加拿大的《矫正与有条件释放法》、澳大利亚的《矫正服务令》等，用于调整监禁执行和非监禁执行活动中的权利义务关系，社区矫正是其中的一个重要组成部分，法律对社区矫正活动有详尽的规定。

3. 单行的社区矫正法律规范。除了有专门的社区矫正法和专门的刑事执行法外，一些国家和地区还采取制定一些单行的法规和条例来调整社区矫正中的法律关系，以弥补刑法、刑事诉讼法和专门性社区矫正法律的不足。如我国香港地区的《社会服务令》《感化（缓刑）令》、新西兰的《假释法》、我国台湾地区的“更生保护法”“少年事件实施细则”、芬兰的《社区服务法》、日本的《缓刑执行保护观察法》《犯罪的预防更生法》，虽然形式不同，但都较好地补充了刑法和刑事诉讼法的不足。

4. 国际性的社区矫正法规。是指以联合国、不同的地区以成员国的形式缔结的一些条约和规则，用于对成员国在非监禁刑（社区矫正）的适用和执行方面起到指导作用。如联合国预防犯罪和罪犯处遇大会，欧洲、美洲、亚太地区等专业会议上形成的规范性文件，有《联合国非拘禁措施最低限度标准规则（东京规则）》《联合国少年司法最低限度标准准则》《欧洲社区制裁与措施规则》等。

通过比较发现，域外关于社区矫正的立法模式也是各种各样，并且有的还存在交叉现象。但不管怎么说，一个国家或地区的立法模式的选择，也是与该国家或地区的政治、经济、文化、社会环境等相契合的，特别是历史积淀的法制传统在其中起着非常关键的作用，同时，他们在选取社区矫正的立法模式时也会关注与当下其他法律之间的协调。因此，我们在借鉴域外的社区矫正立法经验时也不能孤立地去就事论事，在做出自己的选择时理应也要建立在我国的现有环境和历史传统之下。

（二）我国社区矫正立法模式的选择

关于我国社区矫正的立法模式，学界一直存在着较大的争议，总的来看，可以归纳为三种模式的设想：

第一种模式的设想是制定一部专门的《社区矫正法》。我国在进行社区矫正试点刚开始不久，就有人提出制定社区矫正工作的专门法律即《社区矫正法》的设想，认为该法应对社区矫正的性质、方式、内容、程序、机构设置、人员编制、经费、矫正对象的权利义务等作出明确的规定，为社区矫正提供完备的法律依据。同时还建议，在《社区矫正法》的基础上，还要进一步完成《社区矫正法》的相关配套措施，制定社区矫正法实施条例，实现社区矫正工作的各个方面、各个环节的规范化、法制化。① 制定专门的《社区矫正法》是国内许多学者的观点，甚至出现了一些具有一定影响力的《社区矫正法（建议稿）》。比如，上海市徐晓青律师在2004年起草的《社区矫正法》建议稿，共6章50条；2006年3月5日，第十届全国人民代表大会代表罗益锋等人提交的《社区矫正法（建议稿）》共8章53条；2010年3月第十一届全国人民代表大会期间，江苏省盐城市市长李强等人提交的《社区矫正法（立法建议稿）》共6章118条；王平等人于2012年8月由中国政法大学出版社出版的《理想主义的〈社区矫正法〉——学者建议稿及说明》共9章88条；北京师范大学刑事法律科学研究院、加拿大刑法改革与刑事政策国际中心合作于2012年8月30日正式发布的《社区矫正法（专家建议稿）》，共13章120条。

第二种模式的设想是制定统一的刑事执行法将社区矫正纳入其中。这种设想主要就是将社区矫正与监狱行刑统一规定于一部《刑事执行法》或称为《刑罚执行法》中。比如，有学者认为，由于刑事实体法、刑事程序法和刑事执行法三大主干组成的刑事法律体系，在我国并存的局面初步形成，但“三位一体”的协调状态尚未达成，而突出的问题之一在于没有一部统一的刑事执行法。因此，从刑事一体化的角度出发，应制定一部统一的《刑事执行法》，将社区矫正的内容纳入其中，这样有利于提升刑事执行立法的整体地位，促进狱内行刑与狱外行刑的一体化。② 不过，对于我国社区矫正起步较晚的境况，持这种观点的人中大部分还是认为应当分步进行。如有人很早就建

① 王珏：《关于社区矫正试点工作几点思考》，载《中国司法》2004年第1期。

② 冯卫国、储槐植：《刑事一体化视野中的社区矫正》，载《吉林大学社会科学学报》2005年第2期。

议，先进行地方性法规的制定，然后对《刑法》《刑事诉讼法》进行修改，进而制定《社区矫正条例》，条件成熟时再制定《社区矫正法》，最后，将《刑法》《刑事诉讼法》中有关执行的内容与《监狱法》和《社区矫正法》合并制定一部《刑事执行法》。① 还有学者同样虽然赞成制定《社区矫正法》，但也同时认为："从长远发展来看，为了更好地协调社区矫正与监禁矫正两个刑事执法系统，也为了更好地在立法上体现刑事司法制度的合理理念，完善科学的刑事法律体系，应当将监狱法、社区矫正法以及其他相关内容加以整合，制定出一部统一的刑事执行法。"②

这里还需要说明的是，虽然有学者认为制定将社区矫正与《刑法》《刑事诉讼法》统合的《刑事执行法》有诸多好处，但这还不能体现现代行刑的"矫正"理念，也不能充分反映社区矫正重在"矫正"。并且考虑到未来社区矫正的对象不仅仅局限于服刑的罪犯，将受到行政处罚甚至刑满释放的安置帮教人员都纳入其中，建议创制包含监禁与非监禁方式对所有违法犯罪人员予以惩戒与矫正的《矫正法》。③

第三种模式的设想是通过修改现有法律的形式进行社区矫正立法。这种设想就是通过修改现有的法律，即修改《刑法》刑事诉讼法》《监狱法》等相关法律，将社区矫正的主要内容加进去。④

当然，以上几种我国社区矫正立法模式的设想都有各自的特点也有各自的利弊，但相比较而言，笔者认为，我国未来社区矫正的立法模式还是制定一部专门的《社区矫正法》比较适合。首先来看看第三种模式，只能是社区矫正制度处于不完善时期的权宜之计，长远来看是不利于表现出社区矫正作为一种与监禁刑相对应且具有同等重要的地位，也不利于社区矫正制度具有独立品格的法治化建设。其次再看看第二种模式，在我国这是不太现实的一种设想。这种模式要适用实践中将会是对现有刑罚执行法律体系的革命，在改变我国刑事立法习惯的同时，对较为成熟且已内化在人们心中的监狱法律

---

① 李袁婕：《社区矫正与中国刑事法律》，载《中国司法》2004 年第 11 期。

② 吴宗宪：《关于社区矫正若干问题研究》，载《中国司法》2004 年第 3 期。

③ 王顺安：《社区矫正研究》，山东人民出版社 2008 年版，第 277～278 页。不过，在这里刑满释放的安置帮教人员只能说曾经是而现在不是违法犯罪的人员。

④ 转引自刘行星："社会管理模式创新视野下的社区矫正"，载《南方论丛》2013 年第 1 期。

制度形成巨大的冲击。另外，将社区矫正和监狱行刑统一于一部法律中，它们之间未必能够融洽共存，也未必节约立法资源，毕竟监狱行刑与社区矫正之间存在着许多本质上的区别：一是环境不同。监狱行刑是在监狱环境中进行，它以剥夺罪犯人身自由为前提；社区矫正是将矫正对象放在社区即社会上进行矫正，它以限制社区矫正对象的人身自由为前提。二是主体不同。监狱行刑的主体是监狱人民警察；社区矫正的主体是社区矫正组织。三是对象不同。监狱行刑的对象主要是依法被判处有期徒刑、无期徒刑和死刑缓期执行的罪犯；社区矫正的对象主要是管制、缓刑、假释和暂予监外执行的罪犯。四是具体方式和手段不同。虽然管理、教育、劳动是两者主要的矫正手段，但在具体方式上有所区别。监狱行刑主要是通过狱内管理、三课教育、辅助教育、心理矫治、生产劳动等方式实施矫正；社区矫正依托并充分利用社会资源对社区服刑人员实施监督考察、教育矫正、考核奖惩和帮助服务等活动。社区矫正在社会力量参与的深度、广度及其力量的多元化、形式的多样性等方面，是监狱工作无法比拟的。① 正因监狱行刑与社区矫正之间的这些不同，若将它们规制在一部法律中，最后的结果很可能就是形式上的，实质上仍然是各自为政。最后再来看看第一种模式，既符合我国刑事立法的习惯，也能够克服第二、第三种模式所带来的弊端，相对来说简单高效，且易于保持我国相关规定实质内容的连续性和稳定性，当然，这种模式对“兄弟”法律（如《监狱法》）的影响也最小，甚至无须其他法律“伤筋动骨”。即使出现的内容与《刑法》《刑事诉讼法》等法律发生冲突时，由于其与之地位平等，且与之是特别法与普通法的关系，故在适用时也不会有法理上的障碍。因此，我国未来的社区矫正立法采取单独制定一部专门的《社区矫正法》的模式，既符合我国的国情和习惯，也是最经济高效的，而且易于凸显出社区矫正在刑事执行中的地位，甚至契合人类文明发展在对待罪犯态度方面“宣告”性的需求。

① 徐祖华：《简论监狱工作与社区矫正》，载《中国司法》2009 年第 9 期。

三、我国出台《社区矫正法》的时机

（一）我国出台《社区矫正法》时机的争议

从我国的《宪法》、《立法法》以及《国际公约》通行的规定来看，限制、剥夺公民人身自由的刑罚方法和措施以及执行活动应由国家最高立法机关（在我国即为全国人大及其常委会）通过严格的立法程序以基本法律的形式加以规定。社区矫正作为一种限制人身自由的刑罚执行方法和措施，理应规定于国家最高立法机关制定的基本法中。目前，作为我国基本法的《刑法》《刑事诉讼法》都给予了社区矫正法律地位，但这些几近“宣誓性”的规定不可能完成作为非监禁刑罚执行的社区矫正制度对法律的需求，当然也不可能具有实践的可操作性。正如有学者所说的，《刑法修正案（八）》是从完善刑罚结构等刑事立法的角度涉及社区矫正，而非针对社区矫正的专门规定，因而必然带有概括性、原则性、宣告性的特征。《刑法修正案（八）》关于社区矫正的规定主要都是完善刑罚方法的具体方式，只是将这些方式“链接”到社区矫正上，至于什么是社区矫正、如何进行社区矫正等社区矫正的根本性问题则没有作出规定，在刑法典中也不可能对此做出详细规定。① 那么，根据学界多数人的意见和实务部门的要求，以及中央的建议，《社区矫正法》的制定是大势所趋，只是出台的时机问题。

有学者很早就建议制定《社区矫正法》要等到我国社区矫正试点工作成熟之后，从而使其与《监狱法》一起成为我国的刑事执行法典，或称为“矫正法典”。② 也有学者认为，社区矫正立法必须本着“先易后难，循序渐进”的原则，立足现实，分步实施。第一步是修改刑法和刑事诉讼法，第二步是建立专门的社区矫正法。修改刑法和刑诉法后，社区矫正也就有了法律的保障。但要促进社区矫正工作的深入发展，仅有刑法和刑诉法的规定是远远不够的，必须以专门的法对社区矫正予以规范。在制定专门法时，要结合全国

① 田兴洪、吴占英：《从〈刑法修正案（八）〉看我国社区矫正立法化及完善路径》，载《甘肃社会科学》2011 年第 3 期。

② 王顺安：《社区矫正的法律问题》，载《政法论坛（中国政法大学学报）》2004 年第 3 期。

开展社区矫正试点工作的实际状况和发展趋势，以及现代社区矫正制度的基本要求，学习借鉴国外社区矫正立法的有益经验，对社区矫正的性质、对象、管理、保障、程序以及社区矫正机构和人员的设置、职责、权利和义务，执法监督，法律责任等方面都要做出明确规定，为社区矫正的稳步健康发展奠定良好的法制基础。在社区矫正法建立后，可根据实际再制定社区矫正实施条例，进一步增强社区矫正法的可操作性。① 还有学者建议应进一步规范社区矫正试点工作，为全国建立社区矫正专门法律提供实践经验，在《社区矫正法》建立后，可根据实际再制定社区矫正实施条例，进一步增强社区矫正法的可操作性，最终形成以刑法和刑诉法为基础，以社区矫正法为保障，以社区矫正实施条例为准则，以行政法规、规章为补充的中国社区矫正法律体系，不断推进我国社区矫正工作的制度化、规范化、程序化。② 吴宗宪教授在2007年5月28日司法部于北京和平饭店召开的社区矫正试点工作专家小组会议上提出我国社区矫正立法分“三步走”的设想和建议，即首先在刑事诉讼法修正案中对社区矫正作出最简单的规定，其次准备一个关于社区矫正的专门的刑法修正案，最后才制定专门的社区矫正法和刑事执行法。③ 甚至有学者认为我国如今制定《社区矫正法》的条件还不成熟，我们应当重视地方实践、地方立法与部门立法，从下位法起步，且不要设定立法时间表。社区矫正立法是一个长期的事业，应当循序渐进，尊重科学，不能为立法而立法。④ 也有实务部门认为，我国国家层面的《社区矫正法》不可能、也不应当在较短的时间内制定。因为这是牵一发而动全身的重大问题，不可能一蹴而就。并且我国地域广阔，东、中、西部发展不平衡，立法应为社会的发展和变化留出弹性空间。⑤ 总之，一直以来，大部分学者和实务部门的思路都是我国有出台一部《社区矫正法》的必要，只是需要一个过程，待时机成熟时才能予以制定。

当然，也有部分学者认为我国出台《社区矫正法》不仅必要而且还非常

---

① 林仲书：《对社区矫正立法的思考和建议》，载《北京政法职业学院学报》2007年第4期。

② 樊崇义：《社区矫正立法势在必行》，载《法制日报》2011年8月17日，第9版。

③ 吴宗宪：《论社区矫正立法与刑法修正案》，载《中国司法》2009年第3期。

④ 翟中东：《中国社区矫正立法模式的选择》，载《河北法学》2012年第4期。

⑤ 四川省司法厅课题组：《社区矫正立法专题研究》，载《中国司法》2017年第7期。

紧迫。比如，有学者认为，社区矫正立法是我国法治建设和社会管理创新所亟须的，其中相关的法律衔接等立法技术问题，是完全可以予以研究解决好的，有些具体问题可以在立法以后通过不断完善修正予以解决。所以，我国《社区矫正法》的立法宜早不宜迟、宜快不宜慢、宜粗不宜细、宜高不宜低，下决心真正立起来。① 也有学者认为，目前我国社区矫正工作存在的诸多问题和弊端，归根结底就是因为没有一部专门的《社区矫正法》，从而使得社区矫正只能在现存的法律夹缝中生存。因此，为了明确社区矫正的法律地位，为了尽快健全完善社区矫正的工作程序，为了保证社区矫正工作的有效运行，制定专门的《社区矫正法》迫在眉睫。② 还有学者也认为应尽快制定《社区矫正法》，因为立法空缺是我国当前开展社区矫正工作的最大障碍，这导致了我国社区矫正的推行陷入“合法性危机”，造成了司法机关在处理相关案件中的诸多困惑。③ 这些看法的思路是，想通过《社区矫正法》的统领来解决现实中出现的各种问题。

（二）我国出台《社区矫正法》时机的把握

社区矫正立法毕竟是一项庞大的综合性非常强的系统工程，其不仅具有实体法的内容还有程序法的内容，不仅涉及法院、检察院、公安、司法等司法行政机关，还涉及民政、劳动等其他多个部门以及社会机构、团体等社会组织，不仅有正式和非正式的组织参与，还有被害人、热心人士等个人的参与。因此，像目前这样只通过修改现有法律的形式进行社区矫正立法，的确不能体现出社区矫正工作与监狱行刑的平等地位，也不能反映社区矫正工作的系统性，反而可能使得实践中更加缺乏可操作性。但是，对于社区矫正这种如此繁杂的制度而言，我国通过十多年的探索实践欲制定一部统一的《社区矫正法》，从现有的条件来看还不具备。若目前真的制定了《社区矫正法》反而会遇到更难以解决的问题，那就是，随着社会的发展需要以及新情况新问题的出现对相关内容进行变更时，会导致由于牵涉面太广反而不便于更新

---

① 杨峥嵘：《关于我国社区矫正立法问题的几点思考》，载《中国司法》2013 年第 1 期。

② 王思睿：《我国社区矫正制度的监视与反思》，载《濮阳职业技术学院学报》2013 年第 1 期。

③ 张德军：《短期自由刑执行机制改革研究——以社区矫正制度的完善为视角》，载《法学论坛》2014 年第 4 期。

变动的境况，从而制约了其进步性。而且，还有可能再次回到起点，因为为了解决新问题、适应新情况必然需要跟进相关的司法解释，从而产生各种司法解释架空《社区矫正法》，使其被虚置的处境。因此，笔者赞同吴宗宪教授的看法："尽管社区矫正试点时间长、规模大，在试点中也积累了大量的经验，提供了重要的立法基础，但是，就制定一部完整的社区矫正法而言，这样的基础还是远远不够的。同时，直接制定社区矫正法，也难以解决该法与《刑法》和《刑事诉讼法》的法律冲突。"① 总而言之，《社区矫正法》作为社区矫正制度成熟和进入法治化轨道的表现当然需要制定，但是，目前还不具有制定《社区矫正法》的时机，甚至可以说还任重道远。

那么，我国制定《社区矫正法》的时机该如何把握呢？笔者认为应当从以下几个方面予以考虑：

第一，具有能够凝练出可复制且得到普遍认可的实践经验。不可否认，我国经过十多年社区矫正工作的实践，积累了大量丰富的经验，也出台了一批规范性文件。但是，"就立法而言，社区矫正的历史还是显得较为短暂，已经进行的社区矫正实践，还不能给科学的立法提供所需要的全部内容；已经发布的规范性文件，还不能给社区矫正立法提供所应有的坚实基础"②。特别是目前所取得的实践经验更多的体现出来的是地方特色，很多方面还不具有可复制的在全国推广的经验。然而，要制定一部在全国范围内适用的《社区矫正法》，必须具备经过凝练得到普遍认可的实践经验。

第二，已经形成具有理论基础且得到各有关部门认同的相关制度。目前，在社区矫正的实践过程中产生很多存在争议甚至经不起理论拷问的制度，并且各地的做法也各不相同。比如，我国《刑法修正案（八）》增加的禁止令制度，实践中由热到冷的过程反映出里面还有许多需要探讨的问题；社区矫正警察的设置问题，现在争议的如火如荼，甚至一些地方已采取各种措施使其"客观"存在，等等。因此，对于现实中存在的各种已有的或拟设的、合

---

① 吴宗宪：《关于加快社区矫正立法的思考》，载刘强、姜爱东、朱久伟主编：《社区矫正理论与实务研究文集》，中国人民公安大学出版社2009年版，第388页。

② 吴宗宪：《中国社区矫正立法若干问题探讨》，载刘强、姜爱东主编：《社区矫正评论》（第四卷），中国人民公安大学出版社2014年版，第72页。

法的或无法律根据的多项制度都必须在理论上能够得到合理解释，在现实中不能说消除争议，起码在得到有关部门的普遍认同时，才能考虑制定统揽各项制度的《社区矫正法》的问题。

第三，具备可以消除地区和行政区划差异性的立法技术。我国地区之间在许多方面如经济水平、地理环境等都存在着差异，有的差异还非常的大，如东部和西部。同样，不同的行政区划之间也存在着一定的差异，如城市和农村。这些客观存在的差异使得各地对社区矫正制度的接受和实施都带来了非常大的影响。有些问题至今还没有找到切实可行的有效办法，如农村社区矫正的问题，与城市社区矫正有着非常明显的不同，尤其是对于居住非常分散的山区和平原地区的农村而言，有些城市中社区矫正的日常监管措施根本无法适用。因此，从立法技术上来看，如何消除这些差异性影响而将他们都能够整合在一部统一的法典中，是我们在制定全国统一适用的《社区矫正法》之前需要解决的问题。

第一专题之附录：关于社区矫正国家层面主要的规范性文件

2003 年 7 月 10 日，最高人民法院、最高人民检察院、公安部、司法部联合发布的《关于开展社区矫正试点工作的通知》，这是国家层面首个规范性文件。

2004 年 5 月 9 日，司法部印发的《司法行政机关社区矫正工作暂行办法》。

2005 年 1 月 20 日，最高人民法院、最高人民检察院、公安部、司法部联合发布的《关于扩大社区矫正试点范围的通知》。

2005 年 9 月，最高人民检察院印发的《最高人民检察院监所检察厅关于加强监外执行检察工作的意见》。

2006 年 5 月，最高人民检察院下发的《关于在社区矫正试点工作中加强法律监督的通知》。在此之前，最高人民检察院还专门成立了监外执行检察处，来配合社区矫正的试点工作。

2007 年 8 月，最高人民检察院下发的《关于加强对监外执行罪犯脱管、漏管检察监督的意见》。

2008年3月23日，最高人民检察院颁布的《人民检察院监外执行检察办法》。

2009年6月25日，中央社会治安综合治理委员会办公室、最高人民法院、最高人民检察院、公安部、司法部联合印发的《关于加强和规范监外执行工作的意见》。

2009年9月2日，最高人民法院、最高人民检察院、公安部、司法部联合发布的《关于在全国试行社区矫正工作的意见》。

2011年4月28日，最高人民法院、最高人民检察院、公安部、司法部联合发布的《关于对判处管制、宣告缓刑的犯罪分子适用禁止令有关问题的规定（试行)》。

2011年11月15日，财政部和司法部联合印发的《关于进一步加强社区矫正经费保障工作的意见》。

2011年11月21日，最高人民法院制定的《关于办理减刑、假释案件具体应用法律若干问题的规定》

2012年1月10日，最高人民法院、最高人民检察院、公安部、司法部联合发布的《社区矫正实施办法》，其全面规范了社区矫正的工作流程，也是目前适用的主要依据。

2012年5月30日，司法部印发的《关于印发和使用〈社区矫正执法文书格式〉的通知》，从而统一了我国社区矫正执法文书的格式，对我国社区矫正的规范化、法制化具有重要意义。

2012年11月5日，最高人民法院发布的《关于适用〈中华人民共和国刑事诉讼法〉的解释》，对各种社区矫正对象都有相应的规定，尤其值得提及的是，该司法解释对未成年社区矫正对象的相关内容进行了单独的规定。

2012年12月3日，公安部制定的《公安机关办理刑事案件程序规定》，其中第291条明确规定："对被判处管制、宣告缓刑、假释或者暂予监外执行的罪犯，已被羁押的，由看守所将其交付社区矫正机构执行。""对被判处剥夺政治权利的罪犯，由罪犯居住地的派出所负责执行。"另外，还对社区矫正对象尤其是暂予监外执行的罪犯作出了相关规定。

2012年12月26日，最高人民法院、最高人民检察院、公安部、国家安全部、司法部、全国人大常委会法制工作委员会联合发布的《关于实施刑事诉讼法若干问题的规定》，其中第33、34、35条对暂予监外执行的规定进行了解释。

2014年2月24日，中央政法委出台的《关于严格规范减刑、假释、暂予监外执行，切实防止司法腐败的指导意见》。

2014年4月4日，司法部印发的《关于贯彻中政委〔2014〕5号文件精神严格规范减刑、假释、暂予监外执行工作的通知》。

2014年10月10日，司法部发布的《监狱提请减刑假释工作程序规定》。

2014年8月27日，最高人民法院、最高人民检察院、公安部、司法部联合发布的《关于全面推进社区矫正工作的意见》。

2014年10月24日，最高人民法院、最高人民检察院、公安部、司法部、国家卫生计生委联合制定的《暂予监外执行规定》，同时废止了最高人民检察院、公安部、司法部于1990年12月31日发布的《罪犯保外就医执行办法》。

2014年11月14日，司法部、中央综治办、教育部、民政部、财政部、人力资源社会保障部联合发布的《关于组织社会力量参与社区矫正工作的意见》。

2016年8月30日，最高人民法院、最高人民检察院、公安部、司法部联合印发的《关于进一步加强社区矫正工作衔接配合管理的意见》。

2016年11月15日，最高人民法院发布的《关于办理减刑、假释案件具体应用法律的规定》，此次对最高人民法院2011年11月21日制定的《关于办理减刑、假释案件具体应用法律若干问题的规定》进行了大幅度的修改和完善。

第二专题 社区矫正对象的范围

社区矫正对象就是在社区（社会）接受矫正的人员，或者说是在非监禁情形下接受矫正的人员，在我国现有的规范性文件和学者的讨论中，也有的称为社区服刑人员、社区矫正人员。而社区矫正对象的范围不仅是整个社区矫正制度的核心和主体，其也直接决定了社区矫正的立法和机制运行状况。因此，对于社区矫正对象的范围划定是我国未来进一步完善和发展社区矫正制度的前提性问题。

一、域外社区矫正对象范围的考察

自20世纪六七十年代以来，世界各国尝试着在刑事立法和司法实践中逐步采用非监禁刑的刑罚制度改革的背景下，社区矫正作为一种非监禁性刑罚执行方式应运而生。但是，各国社区矫正中包括适用对象在内的各项具体制度都不相同。在此，我们对世界上主要有代表性的国家和地区的社区矫正对象做一简单的考察。

美国的社区矫正对象主要是缓刑犯和假释犯，除此之外，还包括给予转处、审前释放、社区服务、赔偿和罚款、家庭拘禁/电子监控、日间报告中心、中途训练所的罪犯。① 在英国，社区矫正是刑种之一，但又不是单一刑种，而是复合型的刑种，是由多个单个的社区矫正令组成的一个多元化的刑种群。因此，社区矫正对象就包括被法院判处社区恢复令、社区惩罚令、社区惩罚与恢复令、宵禁令、毒品治疗与检测令、出席中心令、监督令以及行

---

① 种若静：《美国社区矫正制度》，载《中国司法》2008年第10期。

为规划令的罪犯。① 加拿大的社区矫正是以社区为基础协助监督执行法院判决的矫正项目，是法院判决的监禁刑的监外执行部分，其对象和具体内容为：缓刑（转移、保释、判决前信息、社区监督的判决、有条件的判决、间歇性判决、缓刑法令）、工作释放、暂时离监（电子监控）、假释（白天假释、完全假释和法定假释）。② 根据司法部赴德社区矫正考察团的了解，“从德国的社区矫正制度看，其并未给社区矫正一个明确的概念或定性，其适用的对象不仅包括缓刑、假释，还包括针对青少年的非刑罚性质的教育矫正措施”③。澳大利亚社区矫正的对象主要是三类罪犯：一是轻刑犯，即犯罪最高判处 2 年或者数罪并罚判处 5 年之内的犯人；二是未成年犯；三是过了法定的监禁刑期经批准获得假释的犯人。④ 通过俄罗斯刑事执行总局社区矫正工作管理司的主要职能可以看出，俄罗斯社区矫正的对象是：被剥夺担任一定职务或者从事一定活动权利刑、强制（义务）劳动刑、矫正劳动刑和限制自由刑的罪犯，以及被法院裁定假释和缓刑的罪犯。⑤ 日本的社会内处遇就是社区矫正，其对象包括给予缓刑、假释、保护观察、更生紧急保护、大赦的罪犯。⑥ 我国香港地区社区矫正制度主要由社会服务令和缓刑监督两部分组成。社会服务令既可以是自身行为的补偿并替代其他判决，也可以是在其他处罚之外判令犯罪人从事有益于社会的无报酬工作。其适用的对象是被宣告构成可判处监禁刑罪行的 14 岁以上（包括 14 岁）的人，凡 14 岁或以上的人被裁定犯了可判罚监禁的罪行，就该罪行判处该人的法庭可作出命令，规定该人在命令的有效期内按照《社会服务令条例》的规定进行无薪工作。缓刑令所针对的对象是 14 岁以上的被告人，凡因其犯某罪行，且该罪行并无法律规定固定刑罚，而在法院受审的，法院可以根据案件的具体情况颁发缓刑令，但须得到该被告人的同意才能颁发。⑦

---

① 司法部基层工作指导司：《英国社区矫正制度》，载《中国司法》2004 年第 11 期。

② 王顺安：《社区矫正研究》，山东人民出版社 2008 年版，第 27 页。

③ 司法部赴德社区矫正考察团：《德国社区矫正概览》，载《中国司法》2005 年第 11 期。

④ 李冰：《澳大利亚的社区矫正制度》，载《中国司法》2005 年第 7 期。

⑤ 栗志杰、李玉娥、田越光：《俄罗斯社区矫正制度评述与启示》，载《河北法学》2014 年第 1 期。

⑥ 王顺安：《社区矫正研究》，山东人民出版社 2008 年版，第 72 页。

⑦ 丁寰翔、余建明、陈立峰等：《社区矫正理论与实践》，中国民主法制出版社 2009 年版，第 48、50 页。

从总体来看，域外社区矫正的对象范围比较广泛，既有可以适用于自由刑的又有可以适用于资格刑和财产刑的，甚至有的还可以适用于劳动刑。对于自由刑而言，社区矫正既可以是监禁刑的替代措施，又可以是监禁刑执行一定时间后的处罚措施。并且，相对来说社区矫正主要适用于罪行较轻、人身危险性较低的犯罪人。

二、我国社区矫正对象范围的现状

2003 年 7 月 10 日，最高人民法院、最高人民检察院、公安部、司法部联合颁布了《关于开展社区矫正试点工作的通知》，这是我国大陆第一个中央层面关于社区矫正的规范性文件，也标志着社区矫正在国家层面的正式启航。其中将社区矫正的对象规定为 5 种罪犯：1. 被判处管制的；2. 被宣告缓刑的；3. 被暂予监外执行的；4. 被裁定假释的；5. 被剥夺政治权利，并在社会上服刑的。但是，到 2011 年《刑法修正案（八）》时，却没有明确将剥夺政治权利的罪犯规定为社区矫正的对象。正如有学者所认为的，《刑法修正案（八）》在对待剥夺政治权利的罪犯与社区矫正关系问题上的含糊做法，不仅使一般人在理解方面产生了差异，而且也使有关中央政法机关在理解方面产生了差异。导致中央政法机关既不能肯定《刑法修正案（八）》将剥夺政治权利的罪犯排除出社区矫正，也不能肯定《刑法修正案（八）》将剥夺政治权利的罪犯纳入社区矫正。① 于是，2012 年 1 月 10 日最高人民法院、最高人民检察院、公安部、司法部联合发布的《社区矫正实施办法》对剥夺政治权利的罪犯表现得就比较暧昧，在第 32 条中含糊地表述为："对于被判处剥夺政治权利在社会上服刑的罪犯，司法行政机关配合公安机关，监督其遵守刑法第五十四条的规定，并及时掌握有关信息。被剥夺政治权利的罪犯可以自愿参加司法行政机关组织的心理辅导、职业培训和就业指导活动。"但是，2012 年 3 月 14 日经重大修改通过的《刑事诉讼法》明确规定了社区矫正的对象为 4 种，即其中第 258 条的规定："对被判处管制、宣告缓刑、假释或者暂

---

① 吴宗宪：《论我国社区矫正的适用对象》，载《北京师范大学学报（社会科学版）》2017 年第 3 期。

予监外执行的罪犯，依法实行社区矫正，由社区矫正机构负责执行。”故而2014年11月14日，司法部、中央综治办、教育部、民政部、财政部、人力资源社会保障部联合发布的《关于组织社会力量参与社区矫正工作的意见》中，也明确了社区矫正的对象为4种，而不包括被剥夺政治权利的罪犯。据此可以看出，我国社区矫正的对象从社区矫正刚开始试点时的5种到如今的4种，将被剥夺政治权利的罪犯排除在社区矫正之外。

虽然现实中我国将社区矫正对象由原来的5种减少到现今的4种，但在理论的探讨中大多数人认为应当扩大我国社区矫正的对象。其中不仅有建议将剥夺政治权利的罪犯再回归为社区矫正对象的看法，而且还有将社区矫正对象进一步拓展的各种看法。比如，有学者认为，从社区矫正的性质、社区矫正的内容、社区刑罚执行的目的以及管理的有效性来探究，“剥权”人员不应被排除在社区矫正对象之外，建议在以后的《刑法修正案》中再将其纳入社区矫正的范围，以及今后的《社区矫正法》也应将其写入。① 还有学者认为，目前我国社区矫正试点中社区矫正对象的范围太狭窄，与联合国的有关规定及国外的通行做法不太同步，应当扩大范围，至少应将刑法中规定的拘役犯每月法定的回家1天至2天的社区活动和监狱法规定的罪犯“离监探亲”回家期间的活动纳入社区矫正的范围。另外，还应将部分地区法院和监狱改革实践中尝试的“暂缓起诉”“暂缓判决”“周末释放”和“试工试学”的罪犯也纳入社区矫正的对象，② 以及我国许多监狱正在尝试的开放式处遇制度中的狱外探假制、外出参加社会公益劳动、狱外见工等也纳入社区矫正的对象。③ 还有学者建议将被判处罚金刑、没收财产刑的罪犯也纳入社区矫正的对象。④ 甚至有学者将不具有罪犯身份的社区戒毒人员、附条件不起诉人员、轻微违法人员以及刑释人员都纳入社区矫正对象的范围。⑤ 至于针对劳动教养的人员，在劳动教养废止之前，也有一些学者认为应将其纳入社区矫正对象的

---

① 刘强：《论“剥权”人员应纳入社区矫正的范围》，载《河北法学》2013年第8期。
② 王顺安：《社区矫正的法律问题》，载《政法论坛（中国政法大学学报）》2004年第3期。
③ 周国强：《论我国社区矫正对象的拓展》，载《江苏大学学报（社会科学版）》2008年第4期。
④ 连春亮：《论社区矫正的研究对象》，载《河南司法警官职业学院学报》2004年第2期。
⑤ 吴宗宪：《论我国社区矫正的适用对象》，载《北京师范大学学报（社会科学版）》2017年第3期。

范围。不过，学者们在建议扩大社区矫正对象的探讨中，仍然有将被剥夺政治权利的罪犯排除出社区矫正的对象范围（现实已如此）看法，甚至有观点认为被暂予监外执行的罪犯也不应作为社区矫正的对象。

至于上述各种观点，都具有相应的合理性，但也存在需要进一步探讨的空间。比如，在监禁刑的执行过程中短期进入社会的“离监探亲”、拘役的法定回家期间等，将这类罪犯都纳入社区矫正的对象，笔者认为这既不符合这些制度的设置初衷和价值内涵，也难以有实践的可操作性。根据我国《监狱法》第57条①的规定，离监探亲是对罪犯改造的一种激励和奖励措施，当然，离监探亲期间要接受公安机关的监督是必然的。将这类罪犯纳入社区矫正，最大的意义就是将监督机关可以变更为司法行政机关，若让他们在短短的几天里（离监探亲的时间为3天至7天）与其他社区矫正对象一样进行思想汇报和参加社区劳动等，既失去“探亲”的意义也给实践增添了“快节奏”的工作量，而且在短期内的可操作性不强，也难以体现出社区矫正的效果。将拘役的法定回家期间的罪犯纳入社区矫正对象也同样会遇到这些问题。故不宜将他们纳入社区矫正的对象。再如，将刑释人员纳入社区矫正的对象，这必将导致社区矫正中应具有的惩罚性荡然无存。因为刑释人员已不具有犯罪人的身份，理论上来说权利已恢复到与普通公民一样，对于他们不存在任何惩罚性之说，需要的只是帮教。所以，若将这类人员纳入社区矫正的对象，社区矫正的惩罚性功能不可能启动，反而还会带来犯罪标签效应的延续。

下面我们重点探讨被暂予监外执行的罪犯、被剥夺政治权利的罪犯、被不起诉的犯罪嫌疑人、被判处罚金刑或没收财产刑的罪犯以及行政处罚人员是否应当纳入社区矫正对象的问题。

---

① 《监狱法》第57条第1款规定：罪犯有下列情形之一的，监狱可以给予表扬、物质奖励或者记功：（一）遵守监规纪律，努力学习，积极劳动，有认罪伏法表现的；（二）阻止违法犯罪活动的；（三）超额完成生产任务的；（四）节约原材料或者爱护公物，有成绩的；（五）进行技术革新或者传授生产技术，有一定成效的；（六）在防止或者消除灾害事故中作出一定贡献的；（七）对国家和社会有其他贡献的。第二款规定：被判处有期徒刑的罪犯有前款所列情形之一，执行原判刑期二分之一以上，在服刑期间一贯表现好，离开监狱不致再危害社会的，监狱可以根据情况准其离监探亲。

三、被暂予监外执行的罪犯是否应该排斥于社区矫正对象之外

暂予监外执行是指对符合法定条件的罪犯因某种特殊情况而暂予变更刑罚执行场所、刑罚执行方式的一种行刑制度。① 根据我国《刑事诉讼法》第254条的规定，罪犯可以暂予监外执行的情形是：（1）有严重疾病需要保外就医的；（2）怀孕或者正在哺乳自己婴儿的妇女；（3）生活不能自理，适用暂予监外执行不致危害社会的。

对于暂予监外执行的罪犯是否应该排斥于社区矫正的对象之外？赞成论者认为，首先，社区矫正未将罪犯与社会隔离，缺乏安全性，因而社区矫正必须适用于人身危险性小的罪犯，而暂予监外执行的条件并没有要求悔改表现，反而罪行可能比较严重，悔改表现可能不好，用社区矫正这种轻缓的刑罚执行方式来矫正他们的恶习，无法让人认同它的适当性。其次，这类罪犯虽然形式上走进社会，但并没有脱离监狱成为正式的社区成员，对他们开展社区矫正工作非常困难。最后，暂予监外执行的罪犯实质上还是监禁矫正，给予他们的应该是人身自由的更大限制，以促进对他们的监督管理。② 还有学者认为，被暂予监外执行的罪犯原本应该在监狱矫正，只是由于某些特殊原因而身处社区中，但其犯罪的社会危害性与人身危险性与社区矫正对象有本质的不同，用社区矫正这种轻缓的刑罚执行方式来矫正他们的恶习，显然无法与这些罪犯的社会危害性与人身危险性相适应。另外，暂予监外执行往往是暂时的，当他们回到监禁式的行刑方式时，可能导致不能接轨的情形。③ 还有学者从社区矫正对象需具备社会化行刑条件出发，认为暂予监外执行中的保外就医的罪犯不应纳入社区矫正的对象。因为他们即使脱离了监狱或者拘留所，仍然需要进入另外一个封闭的治疗场所，而不可能广泛地接触社会。一旦其病情允许其接触社会时，也就失去了暂予监外执行的条件，社会力量

---

① 王平主编：《社区矫正制度研究》，中国政法大学出版社2014年版，第188页。

② 刘勇：《我国社区矫正适用对象的微观考察》，载《山东理工大学学报（社会科学版）》2007年第1期。

③ 丁寰翔、余建明、陈立峰等：《社区矫正理论与实践》，中国民主法制出版社2009年版，第196页。

也不可能参与监管与教育。①

而反对者们也提出了将暂予监外执行的罪犯纳入社区矫正的意义。比如，有学者认为，将暂予监外执行的罪犯纳入社区矫正的意义有：第一，使罪犯交付有了明确的对象，有了固定的机构，克服了过去审批机关与执行机关互相扯皮，无专门机构管理的缺陷；第二，使执行工作有效化、具体化，克服了长期以来对暂予监外执行罪犯的管理失控状态；第三，对保外就医罪犯的取保人起到了限制作用，强化了担保职责；第四，有效地对暂予监外执行的罪犯实施教育改造措施。② 还有学者认为，暂予监外执行犯并不是典型的社区服刑人员，将他们纳入社区矫正的范围，主要是为了利用社区矫正系统对他们给予适当的管理和帮助，而不是为了教育矫正他们。如果在开展社区矫正工作的过程中，对于这类罪犯实行区别对待，即主要对他们进行监督管理和帮困扶助，而不是对他们进行教育矫正，这样更有利于对暂予监外执行犯实行人道、文明的对待。③

笔者认为，在暂予监外执行的三类罪犯中，保外就医和生活不能自理的罪犯不应纳入社区矫正的对象中，而怀孕或者正在哺乳自己婴儿的妇女应当纳入社区矫正的对象里。因为保外就医和生活不能自理的罪犯要么在家休养要么在医院治疗，其本身的活动能力和活动范围由于生理上的原因已受到制约，往往也受到相关人员的监护（也是一种监督），其人身危险性也就非常低，故而没必要再重复投入人力资源。另外，从暂予监外执行制度设置的内在价值即人道主义的角度考虑，也应当给予他们人性的信任，否则就没必要给予他们暂予监外执行，毕竟《刑事诉讼法》第 254 条对符合条件的罪犯给予暂予监外执行用的是“可以暂予监外执行”，而不是“应当暂予监外执”，并且，该条还突出规定“对适用保外就医可能有社会危险性的罪犯，或者自伤自残的罪犯，不得保外就医”。但是，怀孕或者正在哺乳自己婴儿的妇女不一样，她们的活动能力和活动范围相对来说要强得多也广得多，并且，她们

① 康均心、杜辉：《对我国社区矫正适用范围的质疑——以社区矫正的性质为视角》，载《辽宁公安司法管理干部学院学报》2006 年第 4 期。

② 吴宗宪、陈志海等：《非监禁刑研究》，中国人民公安大学出版社 2003 年版，第 577 ~ 578 页。

③ 吴宗宪：《论我国社区矫正的适用对象》，载《北京师范大学学报（社会科学版）》2017 年第 3 期。

也可能犯的罪行也较重（甚至被判处无期徒刑的）。所以，怀孕或者正在哺乳自己婴儿的妇女的人身危险性相对来说也大得多，甚至她们的人身危险性比被判处管制、缓刑或被裁定假释的罪犯的人身危险性还要大，将她们纳入社区矫正的对象给予一定的监管教育就非常有必要。

四、被剥夺政治权利的罪犯是否应纳入社区矫正的对象

剥夺政治权利就是剥夺犯罪人参加国家管理和政治活动权利的刑罚方法。根据我国《刑法》第54条的规定，剥夺政治权利是指剥夺以下权利：（1）选举权和被选举权；（2）言论、出版、集会、结社、游行、示威自由的权利；（3）担任国家机关职务的权利；（4）担任国有公司、企业、事业单位和人民团体领导职务的权利。虽然现实是将被剥夺政治权利的罪犯排除在社区矫正对象之外，但理论界对此的争议一直以来都没有停息。

不赞成被剥夺政治权利的罪犯纳入社区矫正对象的观点由来已久。有学者认为，“剥夺政治权利并不属于自由刑的范畴，如果将剥夺政治权利纳入社区矫正就意味着对被剥权者的自由施加了法院判决以外的更多限制，刑罚总量增加了，与社区矫正宣扬的宽缓化的主张和现代刑法的谦抑性原则完全背离”①。还有学者认为，社区矫正对象中不应有被剥夺政治权利的罪犯的理由是：首先，在刑罚思想上，社会化行刑是以矫正复归的思想为基础的，而剥夺政治权利是资格刑的一种，其适用目的是防卫社会、剥夺犯罪人的再犯能力。若将被剥夺政治权利的罪犯适用社区矫正，不仅不利于服刑人重返社会，反而为其复归社会设置了一定的障碍。其次，从制度设计上来看，我国的《刑法》并没有对剥权的监外服刑人员的人身自由进行限制，服刑人员在迁居和离开经常居住地方面是自由的，而这种自由使社区矫正工作无法开展。再次，在我国，剥夺政治权利的服刑人被剥夺的权利并不是一般人可以任意行使的，而要经过主管机关的审批或者经过法定程序。所以，这已经完全可以杜绝被剥夺了权利的人去行使这些权利，而不需要社会力量的参与。最后，

① 孔一：《社区矫正立法中应当明确的四个问题》，载《江西公安专科学校学报》2010年第1期。

剥夺政治权利的行刑内容表现为一些禁止性的规定，服刑人只要不作为就符合刑罚的要求，而社区矫正是为其增加了一些作为义务。①

然而，赞成将被剥夺政治权利的罪犯纳入社区矫正对象的声音也很响亮。有学者认为，从社区矫正的内容和实践以及剥夺政治权利刑的执行内容来看，有必要对被剥夺政治权利的罪犯实行社区矫正，从罪犯适应社会生活的需要和社会预防重新犯罪的需要来看，有必要对被剥夺政治权利的罪犯实行社区矫正，再从刑事立法技术和立法内容的完善来看，也有必要将被剥夺政治权利的罪犯纳入社区矫正的对象。② 也有学者从社区矫正的性质、社区矫正的内容、社区刑罚执行的目的以及管理的有效性来探究，被剥夺政治权利的罪犯不应该被排除在社区矫正对象之外。③ 有学者认为如今将剥夺政治权利排除出社区矫正是一种倒退，他以被判处管制附加剥夺政治权利为例来予以说明。此种情况根据我国《刑法》第55条之规定，剥夺政治权利期限与管制期限相等，且同时执行。但根据《刑事诉讼法》第258条、第259条的规定，被判处管制的罪犯，依法实行社区矫正，由社区矫正机构负责执行；对判处剥夺政治权利的罪犯，由公安机关执行。这样就出现了虽同时执行，但执行机关不统一，也会导致相互共享信息协调难的问题，从而加大了行刑成本，也不利于与国际刑事司法准则接轨。④

还有一种有限赞成（或有限不赞成）的观点，认为只有被单处剥夺政治权利的罪犯或者被判处管制附加剥夺政治权利的罪犯才能纳入社区矫正的对象，因为他们的罪行都比较轻微，符合社区矫正的条件。而除被判处管制附加剥夺政治权利之外的其他刑种附加剥夺政治权利的罪犯都不能纳入社区矫正的对象，因为主刑执行完毕后就已经完成了教育改造的过程，如果将其包含在社区矫正对象之内，则他们在服完监禁刑后又将服非监禁刑，这既是刑

---

① 康均心、杜辉：《对我国社区矫正适用范围的质疑——以社区矫正的性质为视角》，载《辽宁公安司法管理干部学院学报》2006年第4期。

② 吴宗宪：《论对剥权犯实行社区矫正的必要性》，载《中国司法》2012年第2期。

③ 刘强：《论“剥权”人员应纳入社区矫正的范围》，载《河北法学》2013年第8期。

④ 李素琴、谭恩惠：《美国社区矫正制度对我国的借鉴》，载《中国人民公安大学学报（社会科学版）》2012年第5期。

罚的浪费又有失公正。①

笔者认为，被剥夺政治权利的罪犯应当排除在社区矫正对象之外，所以赞成持这种观点的学者所阐述的理由，以及有限赞成说中与本观点相契合的论述。至于持应当将被剥夺政治权利的罪犯纳入社区矫正对象的理由中，笔者认为社区矫正的性质、内容以及社区刑罚执行的目的等都应是剥权罪犯纳入社区矫正的前提或条件，而并不是理由。换句话说，要将剥夺政治权利的罪犯纳入社区矫正需要符合这些要求，但符合这些要求的未必就需要纳入社区矫正。另外，也不能从社会预防重新犯罪的角度来增加剥夺政治权利刑之外的作为义务。因为一个刑种的运用是以罪刑法定为原则，建立在罪责刑相适应基础上的，就已经考虑到行为人的社会危害性和人身危险性，至于在执行过程中是否达到法律或法官（因其有自由裁量权）的意愿，是另外的问题，而未必是刑罚本身的问题，故不能因为出现个别（或少数）违背立法或司法初衷的现象就否定整体，而在立法上加大对这一类罪犯的惩罚力度来达到预防犯罪的目的。就像出现被判处有期徒刑的罪犯在执行过程中又犯罪的，而不能因此就否定有期徒刑这个刑种的功能一样。对此我们应该完善监管、矫正、教育等措施来达到预防违法犯罪的目的，而不是由于出现了不具有普及性的现象就在源头上增大惩罚的量。至于被判处管制附加剥夺政治权利的执行问题，笔者认为不将被剥夺政治权利的罪犯纳入社区矫正对象，虽然剥夺政治权利刑和管制刑的执行机关不同，但并不影响它们的执行。因为正如有学者所说的，剥夺政治权利刑的行刑内容是一些禁止性的规定，就是要行使这些权利还要经过主管机关的审批或者经过法定程序，所以剥夺政治权利刑的特性决定了对其执行是一种“待发”状态（或者说这就是在执行剥夺政治权利刑），只有服刑人员违反了这些规定时才能启动相应的措施。当然，对于被剥夺政治权利的罪犯没必要再增加监管的强度，也是因为在社会上执行剥夺政治权利刑的，都是一些较轻的犯罪或者监禁刑已经执行完毕的罪犯且有必要剥夺一段时期政治权利的情形。因此，其仍然由公安机关执行并不会增加太多的司法资源，也不会影响社区矫正机构执行需要予以“出击”限制自

① 丁寰翔、余建明、陈立峰等：《社区矫正理论与实践》，中国民主法制出版社2009年版，第195~196页。

由的管制刑时对服刑人员进行的社区矫正。而且，当服刑人员违反剥夺政治权利刑所要求的禁止性规定时，公安机关可以立即予以处置。相反，若将被剥夺政治权利的罪犯交由社区矫正机构执行，当服刑人员违反禁止性规定时，还是要转交公安机关处置，反而增添了不必要的烦琐。

五、被不起诉的犯罪嫌疑人是否可以纳入社区矫正的对象

被不起诉的犯罪嫌疑人根据我国相关的法律规定具有多种情形。

我国《刑事诉讼法》规定了三类不起诉，即法定不起诉、酌定不起诉和证据不足不起诉。法定不起诉又称绝对不起诉，是指在法律规定的某些情况下人民检察院只能作出不起诉的决定，而不享有自由决定是否提起公诉的裁量权。① 酌定不起诉是指人民检察院通过行使自由裁量权对那些其认为不需要追究刑事责任的犯罪嫌疑人可以作出的不起诉决定。证据不足不起诉又称存疑不起诉，是指在案件经过补充侦查之后，人民检察院仍然认为证据不足，不符合起诉条件的情况下所作出的不起诉决定。而我们这里所探讨的是否应该纳入社区矫正对象的被不起诉的犯罪嫌疑人情形之一的是指酌定不起诉。对于酌定不起诉，根据我国《刑事诉讼法》第 173 条第 2 款的规定："对于犯罪情节轻微，依照刑法规定不需要判处刑罚或者免除刑罚的，人民检察院可以作出不起诉决定。"据此可以看出，酌定不起诉的行为是已经构成犯罪的，只是根据刑法规定不需要判处刑罚或者免除刑罚而未进入审判程序。

根据我国《刑事诉讼法》第 271 条的规定，对于未成年人涉嫌侵犯公民人身权利、民主权利罪、侵犯财产罪、妨害社会管理秩序罪，可能判处 1 年有期徒刑以下刑罚，符合起诉条件，但有悔罪表现的，人民检察院可以作出附条件不起诉的决定。在附条件不起诉的考验期内，由人民检察院对被附条件不起诉的未成年犯罪嫌疑人进行监督考察。被附条件不起诉的未成年犯罪

① 我国法定不起诉的情形即《刑事诉讼法》第 15 条规定的情形：（1）情节显著轻微、危害不大，不认为是犯罪的；（2）犯罪已过追诉时效期限的；（3）经特赦令免除刑罚的；（4）依照刑法告诉才处理的犯罪，没有告诉或者撤回告诉的；（5）犯罪嫌疑人、被告人死亡的；（6）其他法律规定免予追究刑事责任的。

嫌疑人也是我们这里探讨的被不起诉的犯罪嫌疑人情形之一。

根据我国《刑事诉讼法》第277条、第279条的规定，下列公诉案件，犯罪嫌疑人、被告人真诚悔罪，通过向被害人赔偿损失、赔礼道歉等方式获得被害人谅解，被害人自愿和解的，双方当事人可以和解：（1）因民间纠纷引起，涉嫌侵犯公民人身权利、民主权利罪、侵犯财产的犯罪案件，可能判处3年有期徒刑以下刑罚的；（2）除渎职犯罪以外的可能判处7年有期徒刑以下刑罚的过失犯罪案件。对于达成和解协议的案件，公安机关可以向人民检察院提出从宽处理的建议。人民检察院可以向人民法院提出从宽处罚的建议，对于犯罪情节轻微，不需要判处刑罚的，可以作出不起诉的决定。因刑事和解而被不起诉的犯罪嫌疑人也是我们这里探讨的被不起诉的犯罪嫌疑人情形之一。

以上被不起诉的犯罪嫌疑人具有的共同特征不仅是都没有被起诉，从而没有进入审判程序，而且实行的都应当是符合犯罪构成的行为，都具有犯罪嫌疑人的身份。至于他们是否应当纳入社区矫正的对象，有许多学者都持肯定的态度。

比如，有观点认为，被酌定不起诉的犯罪嫌疑人是事实上的犯罪人，故也需进行犯罪心理和行为恶习的矫正。并且，实践中由于没有相应的制度承接这部分人，往往导致他们要么被劳动教养（在劳动教养废止前——笔者注），要么干脆被提起公诉，造成法律适用上的混乱和司法资源的浪费。所以，将这部分人纳入社区矫正对象不仅符合社区矫正制度的精神和目的，还可以解决上述法制困境。① 也有学者认为，社区矫正经过这么多年的发展，其体系足可以容纳下被附条件不起诉的未成年人，相关的监管和矫正经验也可以运用到对他们的考察中。再者，未成年被附条件不起诉的案件相对较少，为此单独建立一套监督考察体系不经济，而将他们纳入社区矫正可以节约司法资源。另外，从国家制裁和防控体系这一更加宏观的层面出发，逐渐整合附条件不起诉以及社区戒毒、精神病人的社区治疗等职责功能类似的制度，通过统一的社区矫正机构平台，完善社区矫正与其他各个制度之间的衔接，

---

① 贾学胜：《推进社区矫正实践解决三个问题》，载《检察日报》2007年12月25日，第3版。

全面发展社区层面的制裁与防控体系。① 还有学者认为，检察机关办理的刑事和解案件、附条件不起诉案件，之所以适合实施社区矫正，是因为这些案件都是有犯罪事实（危害事实）存在，只是因案件情况不予起诉或不予处罚，如果一放了之，对当事人、对社会都是不利的。②

当然，也有学者提出了反对观点。认为如果允许在起诉阶段对犯罪嫌疑人决定适用社区矫正，也就违反了“未经法院审判不得定罪量刑”的原则，对犯罪嫌疑人也可能是一种不公正的处理。另外，将社区矫正适用于未被法院认定为有罪的人，势必要大幅度修改社区矫正原有只针对犯罪人的定义，而且，我国社区矫正的实践刚起步，就连现有的几种对象还没有上升到立法阶段，因此，我们的步子不宜迈得太大。③

笔者赞成被酌定不起诉的犯罪嫌疑人不应纳入社区矫正的对象的观点。虽然被不起诉的犯罪嫌疑人已经符合犯罪构成的要件，也就是说是事实上的犯罪人，说他具有一定的社会危害性和人身危险性是无可厚非的。但因此就需要纳入社区矫正来予以监管和矫正，就会与不起诉（这里是针对酌定不起诉）制度的设置相左。因为既然符合不起诉的条件都能够不需要追究刑事责任就说明其人身危险性已经很低。当然，这部分人如何得到有效的监管是需要进一步研究的问题，但无论如何都不应当将其纳入针对犯罪人的社区矫正中。

六、被判处罚金刑、没收财产刑的罪犯是否应纳入社区矫正的对象

作为财产刑的罚金刑和没收财产刑在我国刑罚体系中属于附加刑，既可以独立适用也可以附加适用。学界对罚金刑和没收财产刑的看法也是褒贬不一，但被判处与人身自由毫无关联的罚金刑和没收财产刑的罪犯是否可以纳入社区矫正的对象，理论探讨中也同样存在着一些不同的观点。

---

① 熊正、司绍寒：《未成年人附条件不起诉监督考察纳入社区矫正可行性初探》，载《中国司法》2016年第7期。

② 谭义斌：《巩固社区矫正成果 正确把握适用范围》，载《检察日报》2010年12月6日，第3版。

③ 王平主编：《社区矫正制度研究》，中国政法大学出版社2014年版，第292页。

建议将被判处罚金刑、没收财产刑的罪犯纳入社区矫正对象的学者认为，对罚金刑适用社区矫正主要从两个方面着手：一是对被处以罚金刑的罪犯，通过社区矫正的方式进行教育，转化其思想，矫正其恶习；二是对于不能缴纳罚金的，或分期缴纳罚金的罪犯，可以运用社区矫正的形式，对其外在行为进行控制，保证罚金缴纳的实现，同时，对不能缴纳的小额罚金，可由社区矫正机构安排适宜的劳动，用劳动报酬直接支付罚金。对于被判处没收财产的罪犯进行社区矫正，主要是基于两种情形：一是没收财产时，罪犯已将财产挥霍的；二是没收的财产用来偿还罪犯所负正当债务的。因为对于这些情形理应没收财产，但罪犯已挥霍或冲抵正当债务，使国家的没收行为落空，使刑罚不能得以实现，为此，对其进行社区矫正，使其以在社区矫正劳动中创造的价值来填补，使没收财产的刑罚真正具有惩罚性。① 还有学者认为，没收财产刑不存在无法执行的状况，法律也没有规定独立适用的情形，对判处附加没收财产的罪犯待主刑执行完毕再进行社会矫正确实没必要。但对于罚金刑而言，不论单处还是并处都存在无法缴纳的情况，为此就有通过社区矫正予以抵偿的必要性。②

但是，反对把财产刑纳入社区矫正对象的学者们也提出了自己的看法。比如，有学者认为，虽然《欧洲社区制裁与措施规则》将罚金刑纳入社区矫正的范围，但其表述为："尽管金钱制裁并不属于这种制裁，但是用来确保其执行的任何监督或控制活动，都属于本规则的适用范围。"而我国刑法中没有关于罚金刑的监督和控制的活动，所以也谈不上社会力量来参与罚金刑执行中的监督与控制问题。③ 还有学者认为，罚金、没收财产的执行主体都是法院，社会力量难以取得执行的主体地位。如果是附加适用财产刑的罪犯，基于主刑监禁刑已经执行完毕不能再执行非监禁刑，所以不能成为社区矫正的对象。如果是单处财产刑的罪犯，对其进行社区矫正，不符合罪刑法定原则。因为法律没有规定单处财产刑的罪犯还有义务接受其他的矫正措施。财产刑

---

① 连春亮：《论社区矫正的研究对象》，载《河南司法警官职业学院学报》2004年第2期。

② 丁寰翔、佘建明、陈立峰等：《社区矫正理论与实践》，中国民主法制出版社2009年版，第198页。

③ 康均心、杜辉：《对我国社区矫正适用范围的质疑——以社区矫正的性质为视角》，载《辽宁公安司法管理干部学院学报》2006年第4期。

的特点决定了刑罚的目的与功能在执行完毕时就已经实现了。①

笔者认为，被判处罚金刑、没收财产刑的罪犯不应纳入社区矫正的对象。因为社区矫正的本质特性是针对限制自由的刑罚或执行措施而实行的，罚金刑和没收财产刑作为财产刑并不涉及人身自由限制的内容，若将财产刑也纳入社区矫正的执行，不仅偏离了财产刑的内在价值，也使财产刑失去了独立存在的意义，最终是使财产刑与限制自由的刑罚执行混为一体，甚至将财产刑作为自由刑执行中的一种附随手段。至于财产性执行中遇到的一些问题，我们应该通过完善相应的制度或利用其他措施来提高财产刑的执行，而不应不顾社区矫正的内在特性去解决性质不同的财产刑的执行问题。当然，退一步而言，即使将财产刑纳入社区矫正，社区矫正所能解决的财产刑执行中遇到的问题，无外乎是两种情况：一是有了一个实在的监督机构；二是为服刑人员提供劳动机会再予以扣减费用。至于第一种情况，被判处财产刑的罪犯在判决时的财产状况并不会因为监督而发生变化，就是其中有些如非法转移财产等情况也是要通过其他渠道予以判定和执行，利用社区矫正的监督意义不大，而且收效也不高。至于第二种情况，根据我国的现实情况来看过于理想化，因为为服刑人员寻求一个劳动机会不容易，更不能因为为了被判处财产刑的服刑人员的财产执行而将劳动机会给予他们，这样也是对其他服刑人员（可能更需要劳动机会）的不公正对待。

七、行政处罚人员是否应纳入社区矫正的对象

我国长期以来的法律制裁体系都是以社会危害程度为轴心，把违法行为划分为犯罪行为、需要进行劳动教养的行为以及进行治安管理处罚的一般违法行为，维护社会治安采取的是刑罚、劳动教养和治安处罚三级制裁体系。②劳动教养在性质上属于行政处罚，“在我国针对的是一些轻微违法犯罪人员，

① 转引自丁寰翔、余建明、陈立峰等：《社区矫正理论与实践》，中国民主法制出版社2009年版，第198页。

② 储槐植：《刑事一体化论要》，北京大学出版社2007年版，第118页。

是介于治安管理处罚与刑罚之间的一种惩罚措施”①。也就是说，劳动教养适用的违法行为虽然没有达到《刑法》规制的犯罪行为，但是，又重于《治安管理处罚法》规制的一般违法行为。不过，劳动教养适用的对象②相当繁杂且具有一定的不确定性。正如有学者所说的：“有关劳动教养的法律、法规和规章制度政出多门，有全国人大常委会通过的法律，也有国务院颁布的行政法规，还有最高人民法院、最高人民检察院、公安部、司法部等部门下达或联合下达的司法解释或规章。它们在层次差异、新旧交替、行文表述、效力范围和收容的标准等方面都存在着不协调、甚至矛盾的现象。实际工作中有关劳动教养适用对象问题出现了任意取舍、随意扩大的混乱现象。”③“劳动教养适用对象的繁杂和混乱状态是劳动教养制度改革的一大障碍，根据有关

① 赵秉志、商浩文：《论劳动教养制度的废止与刑法调整》，载《法律科学》2015年第3期。

② 比如，1982年国务院转发公安部的《劳动教养试行办法》中规定劳动教养适用6种人：（1）罪行轻微，不够刑事处分的反革命分子、反党反社会主义分子；（2）结伙杀人、抢劫、强奸、放火等犯罪团伙中，不够刑事处分的；（3）有流氓、卖淫、盗窃、诈骗等违法犯罪行为，屡教不改，不够刑事处分的；（4）聚众斗殴、寻衅滋事、煽动闹事等扰乱社会治安，不够刑事处分的；（5）有工作岗位，长期拒绝劳动，破坏劳动纪律，而又不断无理取闹，扰乱生产秩序、工作秩序、教学科研秩序和生活秩序，妨碍公务，不听劝告和制止的；（6）教唆他人违法犯罪，不够刑事处分的。2002年4月12日公安部颁布的《公安机关办理劳动教养案件规定》中规定，对年满16周岁具有下列情形之一的10种人实行劳动教养：（1）危害国家安全情节显著轻微，尚不够刑事处罚的；（2）结伙杀人、抢劫、强奸、放火、绑架、爆炸或者拐卖妇女、儿童的犯罪团伙中，尚不够刑事处罚的；（3）有强制猥亵、侮辱妇女，猥亵儿童，聚众淫乱，引诱未成年人聚众淫乱，非法拘禁，盗窃，诈骗，伪造、倒卖发票，倒卖车票、船票，伪造有价票证，倒卖伪造的有价票证，抢夺，聚众哄抢，敲诈勒索，招摇撞骗，伪造、变造、买卖国家机关公文、证件、印章，以及窝藏、转移、收购、销售赃物的违法犯罪行为，被依法判处刑罚执行期满后五年内又实施前述行为之一，尚不够刑事处罚的；（4）制造恐怖气氛、造成公众心理恐慌、危害公共安全，组织、利用会道门、邪教组织、利用迷信破坏国家法律实施，聚众斗殴，寻衅滋事，煽动闹事，强买强卖、欺行霸市，或者称霸一方、为非作恶、欺压群众、恶习较深、扰乱社会治安秩序，尚不够刑事处罚的；（5）无理取闹，扰乱生产秩序、工作秩序、教学科研秩序或者生活秩序，且拒绝、阻碍国家机关工作人员依法执行职务，未使用暴力、威胁方法的；（6）教唆他人违法犯罪，尚不够刑事处罚的；（7）介绍、容留他人卖淫、嫖娼，引诱他人卖淫、赌博或者为赌博提供条件，制作、复制、出售、出租或者传播淫秽物品，情节较重，尚不够刑事处罚的；（8）因卖淫、嫖娼被公安机关依法予以警告、罚款或者行政拘留后又卖淫、嫖娼的；（9）吸食、注射毒品成瘾，经强制戒除后又吸食、注射毒品的；（10）有法律规定的其他应当劳动教养情形的。另外，对实施危害国家安全、危害公共安全、侵犯公民人身权利、侵犯财产、妨害社会管理秩序的犯罪行为的人，因犯罪情节轻微人民检察院不起诉、人民法院免于刑事处罚，符合劳动教养条件的，可以依法决定劳动教养。

③ 夏宗素主编：《劳动教养制度改革问题研究》，法律出版社2001年版，第155~156页。

统计，目前劳动教养的适用对象多达88种。”①

劳动教养除了其适用对象及其法定化标准问题始终未得以解决之外，其本身的合法性就缺乏基础，故建议废除劳动教养的声音一直处于压倒之势。至2013年11月12日，党的十八届三中全会通过了《中共中央关于全面深化改革若干重大问题的决定》，其中提出废止劳动教养制度，完善对违法犯罪行为的惩治和矫正法律。不久，即2013年12月28日，第十二届全国人民代表大会常务委员会第六次会议通过了《关于废止有关劳动教养法律规定的决定》，从而使在我国实施了半个多世纪的劳动教养制度被依法废止。“由于劳动教养制度在废止前事实上起着衔接行政处罚与刑罚的作用，废止后导致行政处罚与刑事处罚的脱节，以致行政处罚与刑罚衔接不畅。”② 于是，原先由劳动教养规制的违法行为在劳动教养废止后如何进行规制，即使在劳动教养废止前就一直是学界讨论的话题。其中重要的一个主题就是是否将这些违法行为人纳入社区矫正的对象。

有学者将原有劳动教养适用的对象分为三类：一是常习性违法行为；二是吸毒成瘾者；三是有轻微违法行为，不构成犯罪的“刑法边缘人”。主张：(1) 对常习性违法者，由于其具有较强的人身危险性，不适宜社区矫正；(2) 对吸毒成瘾者根据不同情况作相应处理，对自愿戒毒者适用社区矫正，对强制戒毒和劳教戒毒对象，不适用社区矫正；(3) 对“刑法边缘人”应当实行轻罪化并适用社区矫正。③ 也有学者提出，对吸毒者的惩治和对卖淫嫖娼者的强制教育适用社区矫正；对自愿戒毒者也适用社区矫正，以达到对吸毒人员进行定期监督，提供戒毒和生活上的帮助；对公安机关发现的吸毒者除适用治安管理处罚法进行罚款、拘留外，还应适用社区矫正；强制戒毒和劳教戒毒应该合并，实行机构内戒治，不适用社区矫正。④ 还有学者认为，从理论上来说，对作为社区矫正对象的犯罪人的处罚应严于作为劳动教养对象的行政违法人员，但进入社区矫正的这部分犯罪人的生活处遇反而变得宽松，

① 高莹等著：《劳动教养制度的价值定位与改革方向》，法律出版社2010年版，第153页。

② 高勇、于逸生：《论中国轻罪制度建构的必要性》，载《北方法学》2017年第3期。

③ 周国强：《社区矫正制度研究》，中国检察出版社2006年版，第128页。

④ 张昕航：《试论社区矫正适用对象的完善——以劳动教养为视角》，载《中国司法》2006年第2期。

从而形成反差现象，造成“与其违法不如犯罪”的反效果，因此，应将劳动教养所规制的违法人员纳入社区矫正的对象。①

对于受到行政处罚的人员（尤其是作为行政处罚的劳动教养废止后）是否应当纳入社区矫正对象的问题，笔者认为要坚持社区矫正对象只能是犯罪人的原则。

导致这个问题的原因，主要是因为我国有些受到行政处罚的人员的社会危害性和人身危险性都较大。而在国外立法中，无论是大陆法系还是英美法系，刑法典中规定轻罪内容都很普遍，甚至日本还制定了《轻犯罪法》这样的单行刑法。而“我国刑法在结构上与西方国家有很大的不同，其中最显著的就是将国外刑法中的违警罪和部分轻罪排除于刑法之外，另归入治安管理处罚和劳动教养”。② 现今，劳动教养制度已经废止，必然面临着如何分流原劳动教养的规制对象。其实，我国无论是在立法还是在司法解释中，在废止劳动教养的前后就已经对一些原属劳动教养的行为予以犯罪化。比如，2009年的《刑法修正案（七）》中增加第224条之一的“组织、领导传销活动罪”，就是为了处置原劳动教养中的“教唆他人违法犯罪”的非法传销行为；2011年的《刑法修正案（八）》中将“入户盗窃、携带凶器盗窃、扒窃”“恐吓他人，情节恶劣的”以及纠集他人多次实施的寻衅滋事、“多次敲诈勒索的”敲诈勒索等行为入罪的规定；2015年的《刑法修正案（九）》也增加了一些较轻的新罪名。另外，一些司法解释也细化了入罪门槛，且在程序上也进行着轻罪案件快速办理机制的改革。

因此，若原本属于劳动教养规制的行为进行轻罪化而入刑后，符合社区矫正的条件当然地进入社区矫正，如被判处管制或适用缓刑等。而没有被轻罪化的仍然处于治安管理处罚的范围，也就是接受行政处罚的，不应纳入社区矫正的对象。这样既坚持了社区矫正对象只能是犯罪人的原则，又不至于使受到行政处罚的人员与犯罪人这两种性质不同的人混在一起不加区分地同样对待，另外，也有利于转变过去由于劳动教养所导致的行政处罚与刑罚在人们思想中不予区别的观念。

---

① 贾学胜：《推进社区矫正实践解决三个问题》，载《检察日报》2007年12月25日，第3版。

② 刘仁文：《刑法的结构与视野》，北京大学出版社2010年版，第11页。

第三专题　社区矫正工作中的衔接问题

社区矫正工作中的衔接是指人民法院、人民检察院、公安机关、监狱对拟适用社区矫正的被告人、犯罪嫌疑人、罪犯或者已在社区矫正过程中的罪犯所进行的各项配合、制约工作。社区矫正工作中的衔接问题，是刑事执行中的重要环节，无论是对于体现刑事执行活动的严肃性和严密性，以及对于服刑人员的惩罚和矫正，还是促进侦查权、检察权、审判权、执行权之间的相互配合、相互制约，都具有重要的意义。为此，最高人民法院、最高人民检察院、公安部、司法部于2016年8月30日联合发布了《关于进一步加强社区矫正工作衔接配合管理的意见》（以下简称《衔接意见》），专门对社区矫正工作中的衔接配合问题做出了规定。

一、社区矫正工作中衔接问题的现实状况

贯穿于社区矫正整个过程的衔接工作，目前主要依据的是“两高两部”2012年发布的《社区矫正实施办法》、2016年发布的《衔接意见》和2014年“两高两部”会同国家卫生计生委联合发布的《暂予监外执行规定》以及地方上自己颁发的实施细则、衔接规定等相关的规范性文件。但是，在实际工作中，由于依据的规范性文件相对还是比较原则、笼统以及现实中存在的各种复杂的制约性因素，导致社区矫正工作中的衔接问题依然十分突出，即使是《衔接意见》出台之后，其出台之前存在的很多问题也没有得到明显的改观。比如，湖南省某县对《衔接意见》出台后本地区社区矫正工作衔接配合管理情况做了一次调查，发现还存在以下几个方面的问题：第一，相关职能部门对社区矫正工作没有形成统一的配合衔接机制，缺少沟通，有各自为政

的现象。第二，县公安机关将社区矫正工作移交给县司法行政机关后，就没有积极主动参与社区矫正工作，还没有依照规定对社区矫正对象建立档案，造成情况不明，本该通报的，不通报，本该采取强制措施的，不采取强制措施。第三，法院、监狱的法律文书送达或交付执行有时不够及时，尤其是异地法院、监狱表现更为突出，致使县司法行政机关只见法律文书不见人或者见人不见法律文书的情况时有发生。第四，暂予监外执行罪犯矫正期限届满，缓刑犯、假释犯违反法律规定应撤销缓刑、假释，并将罪犯收监，县司法局向原批准机关提出收监建议后，有时原批准机关久无音信。第五，县民政部门没有出台社区矫正人员社会适应性帮扶工作的政策措施，帮助符合条件的社区矫正人员落实社会保障措施。第六，县人社部门没有将社区矫正人员职业培训和再就业指导纳入地方再就业培训体系，帮助解决社区矫正人员就业、技能培训等方面的实际困难。① 在这里，前四个方面就是社区矫正工作中的衔接问题。从总体来看，目前社区矫正衔接工作的现状和依然存在的问题主要为：

第一，在社区矫正适用前的调查评估中。《社区矫正实施办法》第 4 条第 1 款规定："人民法院、人民检察院、公安机关、监狱对拟适用社区矫正的被告人、罪犯，需要调查其对所居住社区影响的，可以委托县级司法行政机关进行调查评估。"《衔接意见》第 1 条在此基础上又增加了"对罪犯提请假释的，应当委托其居住地县级司法行政机关调查评估。对拟适用社区矫正的被告人或者罪犯，裁定或者决定机关应当核实其居住地"②。由于现有的规范性

---

① 《社区矫正工作衔接配合管理落实情况的调查报告》，载 http：//www. xiangdang. net/fanwen. aspx? id =265630，访问日期：2018 年 1 月 10 日。

② 核实居住地成为"应当"程序。虽然《衔接意见》中是针对假释的罪犯和《暂予监外执行规定》中是针对暂予监外执行的罪犯明确规定了"应当"核实居住地，但《社区矫正实施办法》对所有拟适用社区矫正的对象所要求的"调查其对所居住社区的影响"其实也就隐含了对居住地的核实。核实居住地具有重要的意义，如一些户籍所在地与实际居住地不一的社区矫正对象，法院在做出管制、缓刑或暂予监外执行的判决或决定前，并未对其实际居住地情况进行细致了解，也未在法律文书中对其户籍地和实际居住地不一的情况进行记录说明，却将判决、裁定书以及执行通知书寄往其实际居住地。这就导致收到文书的社区矫正组织对该社区矫正对象情况一无所知，更无从谈矫正管理。这种情况下，社区矫正组织就必须要通过与法院的核实确认其居住地信息，还需借助公安了解其真实的居住信息，这类不完善的衔接方式不仅增加了有关部门的工作量，如若该社区矫正对象提供虚假信息或故意逃避社区矫正，则还很有可能增加脱漏管乃至再犯罪的风险，这会给社区矫正工作会带来极大的负面影响。《社区矫正工作衔接机制的运行困难及思考》，载 http：//www. xzbu. com/4/view -4740114. htm，访问日期：2018 年 1 月 15 日。

文件规定较为原则、笼统，存在于社区矫正适用前调查评估中的衔接问题一直没有得到改观。比如，“一些地方的公安机关、检察机关、审判机关在侦查、起诉、审判阶段都要求进行调查评估，造成社区矫正机构对同一人员进行重复调查。而另一些地方则相反，委托主体单一，往往只是由法院启动、主要集中在审判阶段，公安机关、检察机关在侦查、起诉等阶段则没有启动调查评估，造成启动时间滞后、调查时限与审限冲突等问题，调查评估的作用得不到应有发挥”①。另外，还存在着规范性文件规定的不明确现象，也导致实践中的理解和做法出现差异。比如，根据上述规范性文件的规定，只有提请假释的才“应当”进行调查评估，而其他类的对象是否予以调查评估属于决定机关的自由裁量权。但是，根据《暂予监外执行规定》和《监狱暂予监外执行程序规定》的规定，对拟提请暂予监外执行的罪犯，应当核实其居住地，对需要调查评估其对所居住社区影响或核实保证人具保条件的，委托居住地县级司法行政机关进行调查，并出具调查评估意见书。对此，有的地方认为对于提请暂予监外执行的也应当进行调查评估。甚至有些地方上的规范性文件明确要求对所有对象都需进行调查评估。比如《湖南省实行社区矫正社会调查评估暂行办法》第4条规定：“人民法院、公安机关、监狱管理机关拟对被告人（罪犯）适用非监禁刑罚和非监禁刑罚执行措施实行社区矫正的，应及时向被告人（罪犯）居住地县级司法行政机关发出委托社区矫正社会调查评估函，并附起诉书（判决书）副本，同时将委托社区矫正社会调查评估函抄送被告人（罪犯）居住地县级人民检察院监所检察科。”所以，各地对于社区矫正前调查评估的做法也并非完全相同，尤其是需要保外就医的对象。现实中，有监狱机关认为，现有的规范性文件并不是要求保外就医的必须进行调查评估，并且，保外就医的服刑人员大多是病情严重急需保外治疗，若必须进行调查评估，有可能会影响保外就医的办理，不利于保障服刑人员的合法权益。而社区矫正机构则认为，做好调查评估有利于后续社区矫正工作的开展：一是可以明确居住地；二是可以提前了解保证人情况；三是对于

① 司法部预防犯罪研究所课题组：《社区矫正衔接机制建设研究报告》，载《中国司法》2016年第6期。

一些有暴力倾向、患有传染病的社区服刑人员可以调查其对社区的影响。① 这种认识和理解上的不同，导致实践中对于调查评估在各地出现差异性对待的情形。②

第二，在法律文书与服刑人员的交接环节中。法律文书与服刑人员交接环节是社区矫正衔接工作中的关键环节，也是最易出现问题的环节。而在法律文书与服刑人员的交接环节中又存在两个关键点，一是在入矫时，二是在收监时。

根据现有规定，对于被判处管制、宣告缓刑、假释的罪犯，法律文书的交接是“在判决、裁定生效起三个工作日内，送达判决书、裁定书、决定书、执行通知书、假释证明书副本等法律文书，同时抄送其居住地县级人民检察院和公安机关。县级司法行政机关收到法律文书后，应当在三个工作日内送达回执”。而社区矫正对象“应当自人民法院判决书、裁定书生效之日或者离开监所之日起十日内到居住地县级司法行政机关报到。县级司法行政机关应当及时为其办理登记接收手续，并告知其三日内到指定的司法所接受社区矫正”。若出现“见人不见档”的情形，即社区矫正对象来报到时，“居住地县级司法行政机关未收到法律文书或者法律文书不齐全，可以先记录在案，并通知人民法院、监狱或者看守所在五日内送达或者补齐法律文书”。若出现“见档不见人”的情形，即漏管③时，居住地社区矫正机构“应当及时组织查找，并由居住地县级司法行政机关通知有关人民法院、公安机关、监狱、居住地县级人民检察院”。“人民检察院应当加强对社区矫正交付接收中有关机关履职情况的监督。”而对于提请暂予监外执行的，批准机关“批准暂予监外执行的，应当在五个工作日以内将暂予监外执行决定书送达监狱、看守所，同时抄送同级人民检察院、原判人民法院和罪犯居住地社区矫正机构”，批准

① 雷锐：《监狱与社区矫正执行衔接机制研究》，载《广西广播电视大学学报》2017 年第 3 期。

② 在现实中，无论是否进行调查评估都有可能导致对于外省籍罪犯判处监禁刑的情形大于社区矫正的不公平现象，因为“外省籍罪犯由于难以掌握其社会关系和监管条件，在当地司法所不愿意接受时，法院更倾向于判处监禁刑”。司法部预防犯罪研究所课题组：《关于对外省籍罪犯实施社区矫正的调研报告》，载《中国司法》2011 年第 1 期。

③ 根据《衔接意见》第 7 条的规定，漏管是指“人民法院、公安机关、司法行政机关在社区服刑人员交付接收工作中衔接脱节，或者社区服刑人员逃避监管、未按规定时间期限报到，造成没有及时执行社区矫正的”。

机关“不予批准暂予监外执行的，应当在五个工作日以内将不予批准暂予监外执行决定书送达监狱、看守所”。监狱、看守所收到批准暂予监外执行决定书后“应当派员持暂予监外执行决定书及有关文书材料，将罪犯押送至居住地，与社区矫正机构办理交接手续”。人民法院决定暂予监外执行的，应当“在判决生效后七日以内将暂予监外执行决定书送达看守所或者执行取保候审、监视居住的公安机关和罪犯居住地社区矫正机构，并抄送同级人民检察院”，通知罪犯“居住地县级司法行政机关派员到庭办理交接手续”。据此，我国目前对于暂予监外执行的服刑人员在入矫时做到了法律文书和服刑人员交接方面的无缝对接。但对于被判处管制、宣告缓刑、假释的罪犯在入矫时还实行“自行报到”，就会产生服刑人员漏管的风险，即使去查找，也会困难重重，增加行刑成本。

对于收监执行，《衔接意见》第16条规定：“社区服刑人员符合收监执行条件的，居住地社区矫正机构应当及时按照规定，向原裁判人民法院或者公安机关、监狱管理机关送达撤销缓刑、撤销假释建议书或者对暂予监外执行的收监执行建议书并附相关证明材料。人民法院、公安机关、监狱管理机关应当在规定期限内依法作出裁定或者决定，并将法律文书送达居住地县级司法行政机关，同时抄送居住地县级人民检察院、公安机关。”其中“规定期限内”，根据《社区矫正实施办法》的规定，对于缓刑、假释的社区矫正对象，人民法院自收到居住地县级司法行政机关的相关法律文书起一个月内依法作出裁定，对于暂予监外执行的社区矫正对象，批准、决定机关自收到居住地县级司法行政机关的相关法律文书起15日内依法作出决定。社区服刑人员被裁定撤销缓刑、假释或者对暂予监外执行的社区服刑人员决定收监执行的，其居住地社区矫正机构应当将相关法律文书移交看守所、监狱，并且，居住地社区矫正机构也应当及时将罪犯移交监狱或者看守所，公安机关予以协助。其中，根据《暂予监外执行规定》第24条的规定：“人民法院对暂予监外执行罪犯决定收监执行的，决定暂予监外执行时剩余刑期在三个月以下的，由居住地公安机关送交看守所收监执行；决定暂予监外执行时剩余刑期在三个月以上的，由居住地公安机关送交监狱收监执行。监狱管理机关对暂予监外执行罪犯决定收监执行的，原服刑或者接收其档案的监狱应当立即赴羁押地将罪犯收监执行。公安机关对暂予监外执行罪犯决定收监执行的，由罪犯居住地看守所将罪犯收监执行……”至于收监执行环节存在的一些问题，过去存在，现在有些仍然存在。正如司法部预防犯罪研究所课题组所调研的：一是一些裁决机关对社区矫正机构提请的建议处理不及时甚至不予处理。个别法院对社区矫正机构提出的撤销缓刑、撤销假释、收监执行建议无正当理由长期拖延，没有按规定的时限作出裁定，有的则干脆不予理睬。二是收监执行程序可操作性不强。如县级司法行政机关采取什么措施予以羁押、怎样送交都没有具体的规定，公安机关在什么范围内予以协助、怎样协助，也规定的过于原则粗放，导致实际工作中难以操作，极易出现协调不成而收监决定无法落实的情况。三是收监执行法律文书不明确、不统一。比如，将相关法律文书抄送公安机关哪个部门没有统一规定，现实中有的抄送给法制科，有的抄送给治安大队，有的抄送给派出所。还有就是，社区服刑人员入矫时社区矫正机构接收的法律文书往往是一份原件，但收监执行时要求提供三份原件，从而导致有关手续无法办理。① 另外，收监执行时将相关法律文书和罪犯移交看守所、监狱也没有期限的规定，实践操作中主要都是社区矫正机构自己把握，这也影响到衔接工作的严密性和严肃性。

收监执行的衔接问题一直也是收监执行难中的一个方面，尤其是异地收监时仍然存在着一些不易解决的问题。由于我国社区矫正实行的是罪犯居住地管辖为原则，而收监时又以原裁决机关管辖为原则，故而，当罪犯居住地与原裁决机关所在地不在一个地区时，就会出现异地收监的衔接问题。《衔接意见》虽然明确提出收监执行“应当本着就近、便利、安全的原则，送交其居住地所属的省（区、市）的看守所、监狱执行刑罚”，这主要解决的是执行问题，但在衔接过程中相关法律文书等材料的转接主要还是靠邮寄的方式，影响到收监过程中的效率。另外，人民检察院跨区域进行的监督难度非常大。

第三，在社区矫正的执行过程中。在社区矫正执行过程中的衔接问题，

① 司法部预防犯罪研究所课题组：《社区矫正衔接机制建设研究报告》，载《中国司法》2016年第6期。

主要体现在预防社区服刑人员的漏管、脱管①以及发生脱管后的处理等情形时各部门之间的协调配合工作。为了预防社区服刑人员的漏管、脱管，《衔接意见》要求“司法行政机关应当会同人民法院、人民检察院、公安机关健全完善联席会议制度、情况通报制度，每月通报核对社区服刑人员人数变动、漏管脱管等数据信息，及时协调解决工作中出现的问题”。并且，“司法行政机关应当建立完善社区服刑人员的信息交换平台，推动与人民法院、人民检察院、公安机关互联互通，利用网络及时准确传输交换有关法律文书，根据需要查询社区服刑人员脱管漏管、被治安管理处罚、犯罪等情况，共享社区矫正工作动态信息，实现网上办案、网上监管、网上监督。对社区服刑人员采用电子定位方式实施监督，应当采用相应技术，防止发生人机分离，提高监督管理的有效性和安全性”。如果发生社区服刑人员脱管时，罪犯居住地社区矫正机构“应当及时采取联系本人、其家属亲友、走访有关单位和人员等方式组织追查，做好记录，并由县级司法行政机关视情形依法给予警告、提请治安管理处罚、提请撤销缓刑、撤销假释或者对暂予监外执行的提请收监执行”。目前，《衔接意见》对网络信息平台的建设进行了明确规定，解决了过去由于部门之间信息不通畅带来的查找脱管人员所导致的一些不必要的阻隔。② 但仍然还存在着社区矫正机构查找时所采取的方法手段极为缺乏，公安机关因未发现明确的违法犯罪线索而不愿配合查找等问题。③ 另外，《衔接意见》规定“撤销缓刑、撤销假释裁定书和对暂予监外执行罪犯收监执行决定书，可以作为公安机关网上追逃依据”，但网上追逃作为一种侦查措施，在实质上属于侦查权的体现，以“两院两部”的“意见”形式加以规定，且没有得到《刑事诉讼法》的认可，这导致与上位法体系不尽协调，也有违立法的

---

① 根据《衔接意见》第10条的规定，脱管是指“社区服刑人员在社区矫正期间脱离居住地社区矫正机构的监督管理下落不明，或者虽能查找到其下落但拒绝接受监督管理的”。

② 比如，对于公安机关直接予以社区服刑人员行政处罚的情形，过去往往由于衔接不力没有及时告知社区矫正机构，甚至发生社区矫正机构一直在查找“脱管”人员，最后发现已被公安机关治安处罚。司法部预防犯罪研究所课题组：《社区矫正衔接机制建设研究报告》，载《中国司法》2016年第6期。

③ 司法部预防犯罪研究所课题组：《社区矫正衔接机制建设研究报告》，载《中国司法》2016年第6期。

精神，难免引发新的争议。① 当然，在实际工作中，这仍然会成为某些相关部门予以推诿或懈怠的借口。

二、社区矫正工作中衔接问题的产生原因

社区矫正在我国起步较晚，而且也不同于传统的监禁矫正，其发展必然面临着层出不穷问题的。其中，社区矫正工作中的衔接问题由于牵涉的部门较多、涉及的范围较广，而且部门之间的协调工作较为频繁，故而出现一些既有可能是主观上也有可能是客观上所导致的难以预测的问题也不足为奇。正因如此，社区矫正工作中的衔接问题在我国社区矫正实施十多年来呈现在世人面前的总是制度滞后于实践。那么，产生这种境况的原因可以说是多方面的，在此我们仅就制度层面、条件层面以及认识层面做一探究。

（一）制度上的不完善是产生社区矫正工作中衔接问题的规范原因

目前，我国对社区矫正工作中衔接的相关规定在规范性文件中多多少少都有一些规定，但实践中主要的依据还是《社区矫正实施办法》以及《暂予监外执行规定》《监狱暂予监外执行程序规定》，当然还具有针对性的《衔接意见》。这些规范性文件为社区矫正工作中的衔接问题起到了非常重要的规制作用，但相对来说其位阶还比较低，这导致在实践中它们的规范效力具有软化的现象。尤其是当这些规范性文件的内容与上位法的规定不太契合时，一些部门会以上位法的效力高为由进行推诿，从而出现扯皮现象。比如，《衔接意见》对网上追逃依据的认可，而《刑事诉讼法》目前并没有认可。还有就

① 张东平：《监禁行刑与社区矫正的互动衔接研究》，中国法制出版社 2017 年版，第 231～232 页。不过，《衔接意见》将撤销缓刑、撤销假释裁定书和对暂予监外执行罪犯收监执行决定书作为公安机关网上追逃的依据具有一定的现实意义。因为在此之前，根据公安部的《关于实行“破案追逃”新机制的通知》和《关于完善“破案追逃”新机制有关工作的通知》的规定，上网追逃是指对符合立案单位已经立案侦查，有证据证明该案件是犯罪嫌疑人所为或犯罪嫌疑人是案件的重大犯罪嫌疑人，且应追究刑事责任的犯罪嫌疑人等条件的在逃人员办理缉捕所需的法律手续后登记上网。也就是说，缉捕在逃人员的责任单位凭借刑事拘留证或逮捕证，在办理相关法律手续后，才可以对犯罪嫌疑人进行网上追逃。若社区服刑人员脱管后并没有新的犯罪，那么，公安机关就无权对他们进行刑拘或逮捕，也就没有刑事拘留证或逮捕证，上网追逃也就无从谈起。林永虎、王希发：《浅析缓刑、假释人员逃避监管、下落不明行为的规制》，载刘强、姜爱东主编：《社区矫正评论》（第三卷），中国人民公安大学出版社 2013 年版，第 171～172 页。

是这些规范性文件规定得比较笼统、原则，即使是专门针对社区矫正工作中的衔接问题进行规定的《衔接意见》也同样存在着不够具体的问题。比如，对调查评估作为所有社区服刑人员在社区矫正适用前的必经程序还没有明确规定；将有关法律文书送交公安机关的哪个具体部门仍然没有明确。另外，对于异地衔接问题，虽然现有的规定可以予以涵盖，但对异地衔接中一些特殊问题涉及的针对性规定非常少。《社区矫正实施办法》和《暂予监外执行规定》只是对暂予监外执行的罪犯服刑地与居住地不在同一省、自治区、直辖市的相关情况作出了规定，《衔接意见》具有针对性的规定是“社区服刑人员因违反监督管理规定被依法撤销缓刑、撤销假释或者暂予监外执行被决定收监执行的，应当本着就近、便利、安全的原则，送交其居住地所属的省（区、市）的看守所、监狱执行刑罚”。由于地方上的规范性文件只能规定本地区权力范围内的事项，所以关于异地衔接问题只能由国家层面的规范性文件予以规定。

（二）条件上的不充裕是产生社区矫正工作中衔接问题的客观原因

在我国现有的社区矫正工作中，县级司法行政机关是社区矫正工作的执行主体，司法所承担着日常工作，但是其执法力量和经费保障水平与繁重工作任务不匹配的情况十分尖锐突出。正是由于县级司法行政机关在人员和经费等保障方面的条件不充裕，在一些衔接工作中必须依赖于其他部门。比如，借助于公安的警力和技术手段查找、追查脱管人员，而公安机关往往以司法行政机关是查找的主体单位为由加以推诿，易引起扯皮现象。① 同样，司法行政机关在日常的监管活动中，对于出现正常的（押解罪犯）和非正常的（临时强制措施的使用）情形时，由于自身条件的不足，必须借助于相关部门。若出现需要异地配合的情况下，其中衔接工作将变得更加困难。据有关统计数据表明，社区服刑人员以每年10%～15%的速度递增，每一个司法所人员数量在1～3名，平均每人管理约25个社区服刑人员，案多人少，导致许多地区对不属于本地户籍的社区服刑人员采取能推就推的态度，有的地方甚至

① 司法部预防犯罪研究所课题组：《社区矫正衔接机制建设研究报告》，载《中国司法》2016年第6期。

内部明令禁止接收非本省（市）户籍的社区服刑人员。[①] 正因如此，司法行政机关无论是人员的数量和专业性，还是经费保障和法律赋予的强制权力都不能与人民法院、公安机关以及监狱相比，以及异地衔接中难以克服的问题，从而使得这些都成了在社区矫正工作中的衔接问题出现不畅的客观原因。

（三）认识上的不重视是产生社区矫正工作中衔接问题的主观原因

作为产生于西方集刑法谦抑性理念、恢复性司法理念与人道主义于一体的社区矫正制度，其主要目的就是教育改造罪犯的同时使他们不脱离社会，易于社会化和再社会化，以及给予他们人道主义的支持。但是，符合社会文明进程具有先进理念的这项制度在我国毕竟从试点至今才十多年的时间，要在我国这样重刑主义思想浓厚、报应观念根深蒂固的传统文化氛围里生根发芽，进而得到社会的广泛接受和认可，并非一朝一夕就能达到的。因此，当前我国不仅广大人民群众，就连有关国家机关工作人员对社区矫正都有着一些“不屑”的态度，使得社区矫正在整个刑罚执行体系中还处于“不入流”或边缘化的境况。在这种对社区矫正认识的大环境里，社区矫正工作中的衔接问题的产生不仅具有客观上的因素，而且还有人为的主观上的制约性因素。另外，部门利益和个人利益占据着认识中的主导地位，工作中不是从社区服刑人员的角度来寻求利益最大化，而是带着“自扫门前雪”的认识来对待社区矫正工作中需要其协调配合的工作。正如有学者所说的：“一些监狱人民警察存在‘分段论’的思想，没有形成‘大教育’‘大矫正’的观念，将监狱矫正与社区矫正割裂开来，偏差性地认为他们仅负责‘高墙电网’内部的改造工作，至于高墙之外的社区矫正则与己无关。这种错误思想必然导致监管工作者责任涣散、协调无序，对符合社区矫正条件的服刑人员的相关教育、档案规范及手续移送等重视不够，对已经适用社区矫正的服刑人员的信息反馈、及时跟踪以及经验总结漠然置之。”[②] 除此之外，像实践中对待法律文书衔接中的拖延、对相关信息的不通报等不重视的认识，都是产生社区矫正工

① 胡印富、张广超：《社区矫正跨区衔接问题研究》，载《湖南农业大学学报（社会科学版）》2017年第1期。

② 张凯：《论我国监狱矫正与社区矫正互动机制之形塑——以功能主义为分析视角》，载《东岳论丛》2016年第8期。

作中衔接问题的主观原因。

三、社区矫正工作中衔接问题的完善对策

对于我国目前社区矫正衔接工作中存在的问题，有些并非在短期内就能予以改观的。故而，我们既要在总结经验的基础上逐步完善现有的制度，也要在深化发展的思想上提升当前的认识。对此，我们既不能有一口吃一个胖子的思想，也不能裹足不前、瞻前顾后而贻误时机，虽然任何新事物的发展都有一个循序渐进逐步完善的过程，但也需要大胆创新、积极主动的开拓精神。

（一）逐步完善现有的制度是探索解决衔接问题的必然要求

从目前社区矫正工作所依据的规范性文件来看，虽然《刑法》《刑事诉讼法》等法律已有“社区矫正”的规定，但这些只起到宣誓性的作用，在实践中并没有实际的可操作性，真正具有现实的规范作用的主要是《社区矫正实施办法》等一系列规范性文件，因而现有的规范性文件位阶相对比较低。于是，无论是学术界还是实务部门要求制定《社区矫正法》的呼声非常高，也将此作为解决社区矫正工作包括衔接问题的治本之策。但笔者认为，对于在经济差距、地域差别以及风俗习惯等方面都存在着较大差异的我国来说，目前出台《社区矫正法》的时机并不成熟，对现有问题的解决，只能还是，如若宏观上相对比较成熟的制度需求可以修改（通过修正案的方式）《刑法》《刑事诉讼法》等法律，其他方面还是目前这种方式比较妥帖，也符合一种不成熟制度发展的现实需求和途径。

对于适用社区矫正前进行的调查评估工作应当与核实罪犯居住地一样，明确予以规定，强制性地覆盖到所有拟适用社区矫正的人员，这样既有利于消除服刑人员之间的不平等对待情形，也使得调查评估工作更加规范化。至于法律文书的送达，应在以下几个方面予以严格规范和执行：一是明确送达方式。本辖区采取当面送达或者机要文件交换模式，外地采取挂号信函方式，严禁社区服刑人员自带法律文书。二是统一送达种类。每个环节送达的法律文书种类要先后对照，相互统一，确保后续执行措施的需要，避免产生后面

办理移交手续时才发现前期接收的法律文书不全。三是明确送达的接收单位。四是统一送达的时限。特别是要保持与《刑法》《刑事诉讼法》的一致性，充分考虑到审理时限的限制、地域、路途、交通等方面因素，使实际送达能在规定的送达时限内实现。① 同样，对于服刑人员的交接也应做到所有对象的无缝对接，而不是像目前这样仅局限于暂予监外执行的人员。具体而言，在入矫时，可由监狱警察或公安警察将罪犯送交拟接收社区服刑人员的社区矫正机构，若服刑人员之前未予以羁押，由办理取保候审、监视居住的公安机关将罪犯送交社区矫正机构。在收监时，由有管辖权的公安机关或者抓捕的公安机关将罪犯送交监狱或看守所。对于异地衔接问题，应当明确对接相关机构的职责范围、衔接程序以及法律后果。至于具体的设计，有学者提出了四种构想：一是确立犯罪人矫正和社区安全的双重原则；二是建立矫正地“2+1”三地原则；三是增加双变更机制；四是构建省、市两级司法行政跨区域协调机制。其中，矫正地“2+1”三地原则中的“2”为居住地和户籍地，“1”为指定地。也就是说，在居住地无法确定、户籍地又难以回去的情况下，增加指定地作为社区矫正的执行场所。如此，既考虑到有利于犯罪人的矫正和社区安全，又顾及犯罪人的生活来源，从而实现最大化的矫正目的。② 笔者认为，这种增加指定地作为社区矫正场所的设想不仅是一种创新，也较符合我国流动人口较大、一人多套房产等现实情况带来的衔接问题的解决。

《衔接意见》明确提出健全完善联席会议制度，其实，我国地方上在这之前就已经进行了这方面的探索。比如，福建省泉州市泉港区委政法委、区人民法院、区检察院、区公安局、区司法局联合制定《泉港区社区矫正工作联席会议制度》。该制度根据《社区矫正实施办法》和《福建省社区矫正实施细则（试行）补充规定》，结合实际制定实施。有问题找“联席”，凡涉及司法工作上的“难梗阻”问题，可提请区委政法委牵头，把区政法系统成员单位紧密联系在一起，共同探讨、解决社区矫正工作中遇到的相关问题以及相

① 司法部预防犯罪研究所课题组：《社区矫正衔接机制建设研究报告》，载《中国司法》2016年第6期。

② 胡印富、张广超：《社区矫正跨区衔接问题研究》，载《湖南农业大学学报（社会科学版）》2017年第1期。

互通报工作情况。笔者认为，《衔接意见》只是要求司法行政机关会同人民法院、人民检察院、公安机关建立联席会议制度，而将政法委（或者如一些地区明确规定的综治办）排除在外，不利于协调结果的达成。根据我国现有体制建置，政法委具有统领的地位，而其他机关都是直接的参与主体，当然也都具有各自的利益导向，有政法委的参与更有利于协调解决工作中的问题。

（二）加强条件保障是化解衔接问题的现实要求

在我国社区矫正工作的现实中，虽然各地存在着一定的差异，甚至有些方面还存在着较大的差异，但总体来看，从事社区矫正工作的人员，无论是司法行政机关的工作人员还是专职从事社区矫正工作的工作者，从与社区服刑人员相对应的比例要求来看还是偏少。而且随着社区服刑人员的逐年增长，这种差距变得越来越大。从而导致不仅在社区矫正工作的衔接问题上，就是在整个社区矫正工作的过程中，人手短缺是最现实最直接的制约性因素。因此，加强队伍建设首先要具有与其烦琐复杂的工作相匹配的工作人员，可以说是化解社区矫正工作中衔接问题的首要保障条件。还有就是社区矫正工作的经费保障不充分，也是至今没有得到令人满意的解决的现实问题。社区矫正中的衔接工作必然带来交通等各方面的费用支出，这方面的保障不充裕也必然影响到现实中的工作开展。为此，有些地方还专门出台了针对性的规范性文件，如湖南省财政厅、湖南省司法厅出台的《关于进一步加强社区矫正经费保障工作的实施意见》。所以，加强社区矫正工作的经费保障是化解社区矫正工作中衔接问题的重要保障条件。另外，信息化建设和大数据的应用已突显出其越来越重要的作用。从某种角度而言，现实中的社区矫正工作中的衔接问题很多方面就是一个信息传送的技术问题。尤其是随着互联网的飞速发展，衔接工作中的很多信息传输已从具有物质载体的当面传递逐步被虚拟空间的网上传送所取代。虽然《衔接意见》明确要求完善信息交换平台，推动各部门之间的互联互通等信息化建设，但各地的落实情况还存在着较大的差距，从而导致实际的衔接工作中出现梗阻现象。所以，在现代的信息化时代，信息交换平台等网络技术的应用是化解社区矫正工作中衔接问题的必要保障条件。

（三）改变和提升认识是润滑衔接问题的思想要求

制度是人制定的，也要靠人去实施，再好的制度若人不去尽心尽力按制度办事，也会影响到制度效率的发挥。并且，制度也不可能是尽善尽美的，很多的现实问题可能制度的触角无法触及，此时制度的运作更需要人的因素来予以填充。因此，任何制度的运行都或多或少有人的决定性因素。而人的认识又在事实与规范之间具有重要的桥梁作用。同样，社区矫正工作中的衔接问题也受到人的认识因素的影响，甚至有些内容在规范性文件中留出了影响空间。比如，对“立即”“及时”的认识就会出现因人而异的差异性。当然，人的认识因素对社区矫正工作中的衔接问题影响的表现形式多种多样，如“某些行政执法人员责任心不强，只关心自己是否完成了行政执法的任务，而对于是否存在刑事犯罪、是否需要移送司法机关则认为不属于自己的职责范围，可做可不做”。① 还有像现实中法律文书移送或回执的不及时甚至不予以移送或回执的情形，相关信息的不通报情形，抓捕、羁押、移交服刑人员的推诿、懈怠情形，甚至对社区矫正工作带着一种蔑视的态度等，都是不重视社区矫正衔接乃至于整个社区矫正工作或者个人利益、部门利益至上的认识基础上的表现。因此，要想使社区矫正的衔接工作通畅高效，必须要改变和提升人们尤其是相关部门的工作人员对社区矫正的衔接甚至整个社区矫正工作的认识。当然，这也不是一朝一夕就能改变的，而是需要一个从内心逐步认可和接受的过程。只有各相关主体在思想上改变和提升了对社区矫正工作的认识，才能使社区矫正工作中的衔接问题得以润滑。

① 周林：《试论行刑衔接制度之完善》，载《法学杂志》2011年第11期。

第四专题　社区矫正的奖惩制度

社区矫正奖惩制度就是社区矫正机构对设区服刑人员予以奖励和惩戒的制度总称。该制度在社区矫正的制度体系中具有非常重要的地位，其直接与社区服刑人员的自身利益相关联，直接关系到社区矫正制度运行的质量和效果。因此，对社区矫正奖惩制度的关注是发展和完善社区矫正制度的重要方面。

一、我国社区矫正奖惩制度的现状

在社区矫正中，根据作出奖惩决定机关的不同，可以将其划分为行政奖惩和司法奖惩（也有学者称为刑事奖惩）两大类。行政奖惩有行政奖励和行政惩戒，司法奖惩有司法奖励和司法惩戒。"刑事奖惩不论何种形式都会对已经生效的判决或裁定作出修改，因此，实践中一直是由法院来审批，刑罚执行机关只有建议权。行政奖惩因不涉及对已有的法庭判决或裁定的改变，一般是由刑罚执行机关决定和执行"。①

（一）社区矫正的奖励措施

2004 年的《司法行政机关社区矫正工作暂行办法》中规定的奖励措施为表扬和提请减刑，即第 34 条第 2 款的规定："根据考核结果，对于表现良好的给予表扬奖励；对符合法定条件的，依照法定程序提请有关部门予以减刑。"表扬属于行政奖励，提请减刑属于司法奖励。而现今主要适用的 2012 年《社区矫正实施办法》中只规定了提请减刑这一种司法奖励，即第 28 条的

① 但未丽：《社区矫正：立论基础与制度构建》，中国人民公安大学出版社 2008 年版，第 181 页。

规定："社区矫正人员符合法定减刑条件的，由居住地县级司法行政机关提出减刑建议书并附相关证明材料，经地（市）级司法行政机关审核同意后提请社区矫正人员居住地的中级人民法院裁定……"但是，地方上的实施细则中规定的奖励措施不仅局限于此，除了表扬之外，还有评为社区矫正积极分子、记功、立功、重大立功等，甚至还有物质奖励。比如，吉林省2014年的《关于贯彻落实〈社区矫正实施办法〉的实施细则》第42条规定："日常行为奖惩包括警告、表扬、社区矫正积极分子。"根据《北京市社区矫正工作实施细则（试行）》的规定，物质奖励是奖励力度大于一般行政奖励的一种奖励措施。总之，以上这些奖励措施在具体的运用中，除了单独适用外，也可能予以综合适用，如根据社区服刑人员的综合表现和考核计分情况予以奖励时，就可以在表扬的同时还评为社区矫正积极分子。或者行政奖励的累加进而影响到监管的级别变化，如《福建省社区矫正实施细则（试行）》第112条规定："社区矫正人员在同个管理类别中三次受到表扬的，严管可以升为普管，普管可以升为宽管；社区矫正人员在矫正期间有法定重大立功情形的，可以由严管直接升为宽管。"

不过，也有学者认为表扬、评为积极分子、记功、立功、重大立功等不属于社区矫正奖励。因为行政奖励应当能够对服刑人员的服刑有实质性影响的一些措施，而表扬等仅仅是对社区服刑人员评价奖励与否的指标，而不是奖励本身，行政奖励应当概括为"从宽的社区矫正措施"，具体包括：减少社区服刑人员的报告次数和减少社区矫正工作人员走访的次数；撤销禁止令或者减少禁止令的禁止类别；减少社区服刑人员参加集中教育活动的次数；减少社区服刑人员参加公益劳动的时间；其他从宽的社区矫正措施。① 笔者认为，从奖励的词义来看，既可以作为动词，表示给予荣誉或财物予以鼓励，也可以作为名词，表示用来予以鼓励的荣誉或财物。在此可以对荣誉或财物进行扩充的解释，就是给予一定精神上或物质上的利益。因此，表扬、评为积极分子等是对社区服刑人员的肯定形式，既可以说是给予他的鼓励，也可以说是给予他鼓励的结果，对于社区服刑人员来说都是一种利益，理应属于

---

① 王平主编：《理想主义的〈社区矫正法〉——学者建议稿及说明》，中国政法大学出版社2012年版，第256～257页。

奖励的范畴。

（二）社区矫正的惩戒措施

2004 年的《司法行政机关社区矫正工作暂行办法》中有关惩戒措施的规定在第 34 条第 3 款，即“对违反法律、法规和社区矫正的有关规定，但尚未构成重新犯罪的，视情节轻重给予警告或者提请有关部门给予警告、记过、治安处罚、撤销缓刑、撤销假释或者收监执行。”再根据 2012 年的《社区矫正实施办法》中的相关规定，社区矫正的惩戒措施有警告、治安管理处罚、提出撤销缓刑、假释建议书、对暂予监外执行的社区服刑人员提出收监执行建议书等。地方上的规范性文件中有关社区矫正惩戒措施的规定也主要是这几种。因此，我国现有的社区矫正惩戒措施中，属于行政惩戒的主要有：警告、记过、治安管理处罚，其中记过是行政惩戒措施中较重的一种；属于司法惩戒的主要有：撤销缓刑、假释、撤销暂予监外执行收监执行。

至于有学者认为记过不应作为社区矫正的惩戒措施，笔者认为，记过可以作为社区矫正的惩戒措施，理由与表扬等可以作为社区矫正的奖励措施相同，只是所起的作用相反而已。

（三）社区矫正奖惩程序及其救济途径

根据《社区矫正实施办法》对于符合减刑的社区服刑人员，“由居住地县级司法行政机关提出减刑建议书并附相关证明材料，经地（市）级司法行政机关审核同意后提请社区矫正人员居住地的中级人民法院裁定。人民法院应当自收到之日起一个月内依法裁定；暂予监外执行罪犯的减刑，案情复杂或者情况特殊的，可以延长一个月。司法行政机关减刑建议书和人民法院裁定书副本，应当同时抄送社区矫正人员居住地同级人民检察院和公安机关”。对于警告的作出，由县级司法行政机关出具书面决定。对于治安管理处罚，由县级司法行政机关提请同级公安机关给予处罚，公安机关再将处理结果通知县级司法行政机关。对于撤销缓刑、假释的建议书，由社区服刑人员居住地同级司法行政机关向原裁判人民法院提出，人民法院应当自收到之日起一个月内依法作出裁定，并将撤销建议书和法院裁定书同时抄送社区服刑人员居住地同级人民检察院和公安机关。对于提请暂予监外执行的社区服刑人员收监执行书，由社区服刑人员居住地县级司法行政机关向批准、决定机关提出，批准、决定机关应当自收到之日起15日内依法作出决定，并将建议书和决定书同时抄送社区服刑人员居住地同级人民检察院和公安机关。

至于针对社区矫正奖惩的救济途径根本没有规定，只是笼统地规定社区服刑人员的辩护、申诉、控告、检举等未被依法剥夺的权利不受侵犯，司法工作人员应当认真听取和妥善处理社区服刑人员所反映的问题，检察院对于违法行为可以区别情况提出口头纠正意见、制发纠正违法通知书或者检察建议书等。

二、我国社区矫正奖惩制度的不足

在我国，建立在日常考核和分类管理基础上的奖惩机制是社区矫正制度的重要组成部分，然而其无论在理论上还是现实操作中都存在着许多不尽如人意之处，这些同样需要引起我们足够的重视。

（一）警告处分性质不明确

警告处分是现有社区矫正惩戒措施中最常用的方式，无论是中央的规范性文件还是地方上的规范性文件，都将警告处分作为必不可少的惩戒措施。虽然在现有的探讨中都将警告处分作为行政惩戒措施，然而“现有制度没有明确司法行政机关警告处分的法律性质，而是用模糊的监督管理的处理意见表述，这种表述和其他建议性奖惩机制的性质产生混同”①。也就是说从规范层面来看，警告处分的法律性质并不明确。首先，司法行政机关的警告处分不属于内部纪律处分。因为内部处分适用于科层管理体制内部行为，社区服刑人员的监督管理不属于内部行为而是外部行为；同时，警告处分可以直接与公民人身自由、财产的基本权利挂钩，若是内部行为可能产生排除法律监督之情形，从而不合法治原则。其次，司法行政机关的警告处分也不是外部行为。因为根据现有规定，警告处分由县级司法行政机关作出决定，“社区矫正服刑人员对决定不服的，可以向县级司法行政机关申请复议，也可以向人民检察院申诉”。若警告处分是外部行政行为，现有规定中对警告的救济指导

① 贡太雷：《惩戒与人权——中国社区矫正制度的法治理论》，法律出版社2015年版，第135页。

显然是不能成立的。最后，我国出现这种境况的原因可能是将司法行政机关当成监狱管理机关，对服刑人员的惩戒基本上视为内部管理纪律和考核指标，其目的不在于自身机关的执法，而在于今后作为提请撤销缓刑、假释收监执行或者提请撤销暂予监外执行收监执行的累积性指标。① 所以，司法行政机关作出的警告处分的法律性质在现有的规范性文件中没有明确予以规定，这不仅不利于社区服刑人员救济渠道的制度化建设，而且对未来社区矫正的法治进程也会产生一定的影响。

（二）奖惩措施不统一

关于奖惩措施的规定，不仅中央与地方上的规范性文件之间不统一，而且中央的规范性文件之间也不统一。对于现实中主要依据且作为全国社区矫正工作指导性文件的2012 年的《社区矫正实施办法》中的奖惩措施的规定，不仅相较于之前即2004 年的《司法行政机关社区矫正工作暂行办法》中奖惩措施规定的范围变小，也没有地方上的规范性文件中规定的完善。比如，《社区矫正实施办法》中只规定了减刑这一种司法奖励措施，而对行政奖励措施没有规定。这种不统一现象必然导致各地依据各地的标准和种类对社区服刑人员予以奖惩，严重地背离了公平公正的法治要求。

（三）奖惩设计不平衡

无论是中央还是地方的规范性文件中，“重惩罚，轻奖励”的规制取向非常明显。在奖励措施的规定中，司法奖励往往都规定了减刑这一种，行政奖励虽然地方上的规定增加了一些措施，但与惩戒措施（无论是行政惩戒还是司法惩戒）的规定相比，其不平衡性也是显而易见的。比如，《社区矫正实施办法》规定奖励措施的只有 1 条，而规定惩戒措施的有 5 条，且对具体的情形规定的也较为详细。正如有学者所说的：“《实施办法》中对表扬、记功、社区矫正积极分子等一些现有行政奖励做法未作出规定，仅对司法奖励中的减刑作出原则性规定。这是《实施办法》中存在的重大缺陷，缺失了奖励措

① 贡太雷：《惩戒与人权——中国社区矫正制度的法治理论》，法律出版社 2015 年版，第 135～136 页。

施，奖惩机制发展注定不平衡，造成制度构建上的瓶颈。”①

（四）奖惩力度不够大

现有奖惩措施的规定不仅奖励的激励效果不是很明显，而且惩戒的威慑力也不够大。对于奖励而言，表扬和物质奖励的吸引力都不太大，因为表扬作为一种奖励形式，无论是通报表扬还是口头表扬，对社区服刑人员的权益都没有任何影响；而物质奖励由于社区矫正经费的缺乏，往往只针对一小部分表现极为出色并且又不能减刑的社区服刑人员，奖品价值和奖金数额也不可能太大，激励作用比较有限。② 同样，作为司法奖励的减刑，由于适用的条件比较苛刻，且受到许多的限制，如根据2012年的《最高人民法院关于办理减刑、假释案件具体应用法律若干问题的规定》第13条的规定，被判处缓刑的一般不适用减刑，除非有“重大立功表现的”。所以，在实践中获得减刑的案例极少。比如有人以杭州市为样本做过调研，2012年3月至2014年12月的近三年间，全杭州市累计接收社区服刑人员15745人，累计实施奖励共2515人次，但只有3人获得减刑，并且这3名减刑人员均为暂予监外执行人员，确有悔改表现，分别因积极投身社会公益活动、有发明专利和日常表现突出且为老年犯等原因被减刑。③ 所以，减刑这种司法奖励在现实中的激励效果并没有得到充分发挥。对于惩戒而言，根据《社区矫正实施办法》有警告、治安管理处罚、撤销缓刑、假释、对暂予监外执行人员收监执行。然而，在这些惩戒措施中，司法行政机关能够独立决定适用的只有警告，因为治安管理处罚需要提请公安机关作出决定，其他的措施也需要由法院、公安机关、监狱管理机关作出决定。于是，现实中出现如学者所说的情形：“司法行政机关进行的日常惩处，仅有警告，类型单一，就惩处强度而言，与治安处罚和司法惩处不同，并没有直接带来切身利益的实质性影响，缺乏对社区矫正人员权利限制的条款，威慑力不足，从而导致监管无力。”④ 另外，在现有的司

① 刚彦：《论社区矫正奖惩机制的完善》，载《河北学刊》2013年第5期。

② 但未丽：《社区矫正：立论基础与制度构建》，中国人民公安大学出版社2008年版，第182页。

③ 浙江省杭州市司法局调研组：《社区矫正奖惩机制运行现状及其完善——以杭州市的实践为样本》，载《中国司法》2015年第4期。

④ 刚彦：《论社区矫正奖惩机制的完善》，载《河北学刊》2013年第5期。

法惩戒措施中，对管制这种社区矫正对象也力不从心，因为他们不存在撤销和收监的问题，所以，即使他们违反相关纪律规定，也只能对他们予以相对轻微的治安管理处罚等行政惩戒。

（五）奖惩程序及救济途径不完善

现在实践中主要适用的《社区矫正实施办法》对奖惩程序及救济途径的规定还很不完善，如前所述观之，其中主要的表现既有程序的缺位和笼统，又有救济途径的缺失和简略。当然，其他中央层面的规范性文件即使有相关的规定也与此有着类似问题。相比较而言，一些地方上的规定反而要充实些。比如，2011 年的《湖南省社区服刑人员奖惩暂行办法》有专章“奖惩程序”的规定，其中对社区矫正的奖惩程序作出了较为详细的规定；2013 年的《浙江省社区矫正人员考核奖惩办法（试行）》也在相应的奖惩规定之后对程序进行了规定。不过，地方上的规范性文件对救济途径的规定也没有太大的突破。

三、我国社区矫正奖惩制度的完善

（一）明确警告处分的法律性质

司法行政机关对社区服刑人员作出的警告处分的法律性质应当如何规制？有学者认为最好的办法是将其定性为行政机关的外部行政行为，故而这种警告处分就成了一种行政处罚。其理由为：第一，这样就无须改变司法行政机关的性质，也就无须涉及我国司法机关的宪法框架，毕竟司法行政机关在社区矫正中的工作还是以行政执法为主。第二，社区矫正作为政府行政对司法机制的一种衔接模式，司法行政机关的警告处分决定作为一项行政处罚也是现有法理框架可以支撑的。第三，定性为行政处罚有利于社区服刑人员的权利保障，而且也无害于社区矫正的监管。第四，这样的定性也有利于司法行政机关在今后社区矫正立法中的相对独立的法律地位起到机制的支撑。第五，这种性质的定位并不影响现有规范性文件的实施，只是将警告处分的实施机制和救济机制细化完善即可。[①] 笔者对此表示赞同。虽然社区矫正机构与社区

① 贡太雷：《惩戒与人权——中国社区矫正制度的法治理论》，法律出版社 2015 年版，第 136 页。

服刑人员之间并非纯粹的行政管理关系，更多体现出来的是一种司法关系，但刑罚执行本质上是行使行政权，也是一种特殊的行政管理关系，从此角度而言，可以将社区服刑人员作为一种特殊的行政相对人。并且从现实的角度来看，将警告处分定性为外部行政行为且按此设计救济制度，与行政权追求效率与秩序的价值理念相契合，也易于厘清权属中的障碍，同时也符合人们通常的认识和期待。

（二）设置协调统一完善的奖惩措施

我国未来社区矫正的奖惩措施如何建制？有学者在《社区矫正法》的专家建议稿中进行了设想。比如，行政奖励有表扬、评为积极分子、记功；司法奖励有减刑；行政惩戒有警告、记过、治安管理处罚；司法惩戒有撤销缓刑、撤销假释、撤销暂予监外执行。并且对每种措施的适用条件都进行了详细分类。其中，在奖励方面，将记功又分为“可以记功”和“应当记功”两个层次，将减刑扩展到适用于所有社区服刑人员，且减刑的条件与行政奖励挂钩，从而降低了以往《刑法》中减刑的适用条件。比如，规定：“被假释的社区服刑人员假释考验期已过1/2，并且在此期间被两次评为社区矫正积极分子或者有立功表现的，可以减刑，其假释考验期相应缩短。”在惩戒方面，对于缓刑犯遵循“不宜轻易撤销缓刑”的精神、对于假释犯遵循“从严管理”的精神对撤销缓刑和撤销假释都提出了较为详细的建议，对于撤销暂予监外执行的条件和程序也作出了较为详细的设置。总之，该建议稿具有较为完善平衡的奖惩措施，将行政奖惩与司法奖惩进行了较为理想的对接，也较为符合我国现有的实践状况①（具体的建议附文后，以供参考）。对此，笔者总体表示赞同。在未来的《社区矫正法》中对于社区矫正的奖惩措施予以科学的设置，是发挥奖惩功效对社区服刑人员教育改造的重要方面，对奖励和惩戒作出相对平衡的规定，也是我国对社区服刑人员注重教育改造在规范上的体现。不过，笔者认为对于此建议在局部还应有些许变动。因为这样的设置仍然还没有解决现实中出现的个别情况，主要是对管制犯的惩戒不力问题。故笔者认为我国也应增设刑罚易科制度，所谓刑罚易科制度对于社区矫正来说

① 赵秉志主编：《社区矫正法（专家建议稿）》，中国法制出版社2013年版，第86~97页。

就是管制易科拘役。具体而言，就是被判处管制的社区服刑人员在其他惩戒措施达不到惩戒效果时，由于现有的司法惩戒无法适用于管制犯，可以将管制刑易科为拘役。这样的措施与现有的司法惩戒相当，也达到剥夺服刑人员人身自由的目的，相对于行政惩戒也较为重。至于易科中期限的折算问题，可以与法院判决管制时其刑期与先期羁押日期的折算相同，即管制2日折算为拘役1日。

另外，对于物质奖励也可设置为独立的一种奖励措施。虽然现实中社区矫正经费存在严重不足的境况（这可以通过其他渠道来完善现有的机制而予以解决），而且即使予以物质奖励的数额也不可能太多，但是，对于一些经济非常拮据的社区服刑人员来说也是实实在在的立竿见影的帮助，这种奖励的效果不一定亚于表扬等行政奖励。① 还有一个笔者认为需要统一的问题，就是作为行政惩戒的警告与治安管理处罚中的处罚方式之一的警告应当都由社区矫正管理机关决定。因为警告本身就是针对较轻的违法、违纪行为，也是最轻的一种行政惩戒措施，再加上由进行日常监管的社区矫正管理机关作出决定的行政惩戒措施本来就非常少，所以，既可以也应当由社区矫正管理机关行使警告的决定权。再说若是按现有的设置，行政惩戒的警告由社区矫正管理机关决定，而治安管理处罚中适用的警告由公安机关决定，并没有本质差异的同种处罚针对同样的对象和类似的行为而作出决定的机关不同，无论是从法理上来看还是从现实运作的经济效益、社会效果来看，其不合理性都显而易见。

至于有学者借鉴域外的立法例建议增加“延长社区矫正期限”作为惩戒措施。② 笔者认为不可取。首先，关于延长社区矫正期限是否都属于惩戒？起码针对暂予监外执行的社区服刑人员来说，恰恰缩短期限更能体现出是对他们的惩戒。这是从当下社区矫正所体现的效能而言的，若从长期的角度来看，背负犯罪人身份的时间加长也是一种惩戒。其次，关于社区矫正的期限司法

① 据笔者曾经调研访谈，许多社区服刑人员都存在经济拮据的状况，有的人为了节约来矫正机构参加学习或交思想汇报的路费，在家事先研究一些大超市的免费班车时刻表，以便通过这种转乘超市免费班车的方式来节约自己的交通费。

② 王平主编：《理想主义的〈社区矫正法〉——学者建议稿及说明》，中国政法大学出版社2012年版，第260页。

行政机关是否可以延长？答案当然是否定的。因为管制、缓刑、假释的社区矫正期限都是在依法的前提下法院的权限范围，司法行政机关当然无权予以变更。最后，司法行政机关是否可以向法院提请延长社区矫正期限的建议？对于假释犯而言，由于假释的考验期即社区矫正的期限是未执行完的刑期，法官在作此裁定时无自由裁量权可言，若之后延长假释犯的考验期有违法之嫌。而管制的刑期和缓刑的考验期，法官在作判决时有一定的自由裁量权，但也要遵循罪责刑相适应原则，之后从预防需要的角度延长刑期或考验期即延长社区矫正的期限，不仅会冲击法的安定性，还有违有利于被告（犯罪人）的司法程序原则。所以，"延长社区矫正期限"在我国现有的制度框架内不能作为社区矫正的惩戒措施。

至于社区矫正奖惩中的司法奖励，有学者建议增加对积极改造的暂予监外执行的社区服刑人员可以给予假释，即"被裁定、决定监外执行的社区服刑人员在社区矫正期间，认真遵守社区矫正各项规定，接受教育改造，确有悔改表现，不致再危害社会的，可以按照刑法规定予以假释"。[①] 笔者认为没有这个必要。因为对于暂予监外执行的社区服刑人员予以减刑，就包含了这种司法奖励，毕竟暂予监外执行的期间是折抵刑期的，且暂予监外执行与假释都在社会上执行，本质上并没有区别，其利益空间无非还是时间的长短而已，予以减刑也就缩短了社区矫正期间。不过，是否可以借鉴西方国家的惩罚性服务、家庭监控、半开放式工作等措施，是未来社区矫正奖惩制度中可以探讨的问题，只是在我国现有的机制下且社区矫正还很不完善的境况里做这种较大动作的变动还不太适宜。

（三）建立健全奖惩程序及救济途径

对于司法奖惩程序，由于其"涉及对已有的法庭判决或裁定的改变"，故程序也在相应的法律中有所规定，只是针对社区矫正而言如何对接的问题，在此不做探讨。这里主要探讨行政奖惩的程序完善问题。

关于行政奖惩程序，目前来看，湖南省的规定较为详细，笔者认为可以

---

① 王平主编：《理想主义的〈社区矫正法〉——学者建议稿及说明》，中国政法大学出版社2012年版，第258页。

作为完善的模板。其中，“对社区服刑人员给予表扬、警告、记过奖惩，或者向公安机关提出治安管理处罚建议的，由司法所综合评议后提出奖惩意见，并填写社区服刑人员行政奖惩审批表，报县（市、区）社区矫正工作机构审批”。然后对记小功、记大功等作了类似的规定，只是审核和审批的机构级别不同，以及对不同级别的集体评议会议的组成人员、集体评议意见表进行规定。若“符合司法奖惩条件的，司法所应根据集体评议结果填写社区服刑人员司法奖惩审核表，并将相关材料于集体评议后五个工作日内报县级司法行政机关社区矫正工作机构审核”。县（市、区）、市（州）司法行政机关社区矫正工作机构在收到社区服刑人员奖惩材料后，应当召集相关人员召开集体评审会议，并在10个工作日内完成评审呈报工作。这种集体评议的形式可以相对客观公正地给予社区服刑人员行政奖惩。至于集体评议会议的组成人员，笔者认为还是以直接参与社区矫正的人员为限，因为他们对社区服刑人员的情况最为了解，至于检察院的检察人员可以列席，起到监督作用，但不能发表决定性的意见。

关于社区矫正奖惩的救济途径，我国对此的规定非常欠缺，带有明显的家长主义色彩。而从世界范围来看，这些都应是不可或缺的必然，如《欧洲社区制裁与措施规则》第13条规定，犯罪人不服对其判处社区制裁或者措施的决定，或者不服变更或者撤销这样的制裁或者措施的决定，有权向上级决定机关投诉。笔者认为，我国社区矫正奖惩的救济途径可以从以下几个方面予以完善：第一，建立行政申诉制度，也就是社区服刑人员对奖惩决定不服的，有权向司法行政机关的相关部门提出申诉。第二，建立行政复议制度，也即社区服刑人员对奖惩决定不服的，可以向作出决定的司法行政机关或者同级人民政府提出复议申请。具体的程序可参照《行政复议法》的相关规定进行设置。第三，建立行政诉讼制度。对于此，目前也有一定的法律依据，根据2014年修订的《行政诉讼法》第12条第1款第1项“对行政拘留、暂扣或者吊销许可证和执照、责令停产停业、没收违法所得、没收非法财物、罚款、警告等行政处罚不服的”的规定，可以提起行政诉讼。据此，可以将这扩展到对社区服刑人员的所有奖惩的救济，予以特别规定。只是行政诉讼应当是最后的救济手段，否则既可能导致司法权过多地干涉司法行政机关的执行权和监管权，也可能导致讼累从而过多地消耗司法资源。

第四专题之附录：《社区矫正法（专家建议稿）》中的奖惩内容①

一、行政奖励——表扬

社区服刑人员参加社区矫正满3个月并且同时具备下列情形的，给予表扬：

（一）认真遵守法律、法规、规章以及其他规范性文件；

（二）积极参加社区服务，表现突出；

（三）在社区矫正机构组织的学习、活动中态度端正，成绩优秀；

（四）遵守公民道德规范，未有不良行为。

表扬由社区矫正工作者提出建议，由县级社区矫正管理机关派出机构决定。

二、行政奖励——评为社区矫正积极分子

社区服刑人员获得三次表扬的，可以评为社区矫正积极分子。

评为社区矫正积极分子由县级社区矫正管理机关派出机构提出建议，由县级社区矫正管理机关批准。

三、行政奖励——记功

社区服刑人员有下列情形之一的，可以记功：

（一）被评为社区矫正积极分子后又获得表扬或者获得四次表扬的；

（二）检举、揭发犯罪活动，或者提供重要的破案线索，经查证属实的；

（三）阻止他人犯罪活动的；

（四）在生产、科研中进行技术革新，成绩突出的；

（五）在抢险救灾或者排除重大事故中表现积极的；

（六）对国家、社会有其他突出贡献的。

社区服刑人员有下列情形之一的，应当记功：

（一）两次被评为社区矫正积极分子或者获得六次表扬的；

① 赵秉志主编：《社区矫正法（专家建议稿）》，中国法制出版社2013年版，第86~96页。

（二）阻止他人重大犯罪活动的；

（三）检举揭发重大犯罪活动，经查证属实的；

（四）在日常生产、生活中舍己救人的；

（五）在抗御自然灾害或排除重大事故中，有突出表现的；

（六）对国家、社会有其他重大贡献的。

记功由县级社区矫正管理机关派出机构提出建议，经县级社区矫正机关审核后报上一级社区矫正管理机关批准。

四、司法奖励——减刑

社区服刑人员符合下列条件的，可以减刑：

（一）被判处管制的社区服刑人员，在服刑期间被两次评为社区矫正积极分子或者有立功表现的，可以减刑；

（二）被判处有期徒刑暂予监外执行的社区服刑人员，暂予监外执行期间已过1/2，并且在此期间被两次评为社区矫正积极分子或者有立功表现的，可以减刑；

（三）对被判处有期徒刑并宣告缓刑的社区服刑人员，缓刑考验期已过1/2以上，在缓刑考验期间被两次评为社区矫正积极分子或者有立功表现的，可以减刑；

（四）被假释的社区服刑人员假释考验期已过1/2，并且在此期间被两次评为社区矫正积极分子或者有立功表现的，可以减刑，其假释考验期相应缩短。

社区服刑人员有重大立功表现的，应当减刑。

对于符合减刑条件的上述社区服刑人员，由居住地县级社区矫正管理机关提出减刑建议书并附相关证明材料，经地级社区矫正管理机关审核同意后提请中级人民法院裁定；其中，对于被判处无期徒刑的罪犯在服刑期间暂予监外执行并有重大立功表现的，由居住地县级社区矫正管理机关提出减刑建议书并附相关证明材料，经省级监狱管理机关审核同意后提请高级人民法院裁定。

人民法院应当自收到减刑建议书之日起1个月内依法裁定；案情复杂或者情况特殊的，可以延长1个月。

社区矫正管理机关减刑建议书和人民法院减刑裁定书副本，应当同时抄送社区服刑人员（居住地——笔者注）同级人民检察院和公安机关。

人民检察院认为人民法院减刑裁定不当的，应当在收到裁定书副本后20日以内，向人民法院提出书面纠正意见。人民法院应当在收到纠正意见后1个月以内重新组成合议庭进行审理，作出最终裁定。

五、行政处罚——警告

社区矫正人员有下列情形之一的，由县级社区矫正管理机关派出机构提出建议并由县级社区矫正管理机关决定给予警告：

（一）未按规定时间报到的；

（二）违反关于请假、报告、会客或者居住地变更规定的；

（三）不按规定参加教育学习或者社区服务等活动，经教育仍不改正的；

（四）保外就医的社区矫正人员无正当理由不按时提交病情复查情况，或者未经批准进行就医以外的社会活动并经教育仍不改正的；

（五）违反人民法院禁止令，情节较轻的；

（六）其他违反监督管理规定的。

六、行政处罚——记过

社区服刑人员有下列情形之一的，由县级社区矫正管理机关派出机构提出建议并由县级社区矫正管理机关决定给予记过：

（一）受警告处分后又实施了应当予以警告处分的行为的；

（二）违反外出请假制度，无正当理由脱离监管7天以上的；

（三）进行违法、违纪行为尚不足以给予治安管理处罚的；

（四）故意逃避监督管理、教育矫正，有应当受警告处分的情形两种以上或者有应当受警告处分的某种情形两次以上，经过教育仍不悔改的；

（五）脱逃后被及时找回的；

（六）未到居住地社区矫正机构报到超过7天的。

七、行政处罚——治安管理处罚

社区服刑人员违反监督管理规定或者人民法院禁止令，依照治安管理处罚法的规定给予治安管理处罚。

社区服刑人员具有给予警告和500元以下罚款的情形的，可以由县级社区矫正管理机关派出机构进行调查，然后将材料移送当地公安派出所决定和执行。

社区服刑人员具有给予其他治安管理处罚的情形的，可以由县级社区矫正管理机关排斥机构进行调查后提出建议，经县级社区矫正管理机关移送同级公安局决定和执行。

公安机关应当在10日内将处理结果通知县级社区矫正管理机关。

八、司法处罚——撤销缓刑

被宣告缓刑的社区矫正人员有下列情形之一的，由县级司法行政机关向原裁判人民法院提出撤销缓刑建议书并附相关证明材料，人民法院应当自收到之日起一个月内依法作出裁定：

（一）违反人民法院禁止令，情节严重的；

（二）未按规定时间报到或者接受社区矫正期间脱离监管，超过1个月的；

（三）因脱逃行为被处理之后再次脱逃的；

（四）因违反监督管理规定受到治安管理处罚后仍然不予改正，再次出现应当给予治安管理处罚的情形的；

（五）受到司法行政机关三次警告或者两次记过后仍然不予改正的；

（六）其他违反有关法律、行政法规和监督管理规定，情节严重的。

人民法院裁定撤销缓刑的裁定书同时抄送社区矫正人员居住地的同级人民检察院和公安机关。

人民法院撤销缓刑的裁定一经作出，立即生效。居住地县级社区矫正管理机关应当及时将罪犯送交监狱或者看守所，公安机关应当在抓捕、关押和押送方面予以协助。

社区服刑人员认为撤销缓刑的裁定不当的，可以提出上诉或者申诉，但是上诉或者申诉不影响对撤销缓刑裁定的执行。

不服裁定的上诉期限为5日，从接到裁定书的第二日起算。

九、司法处罚——撤销假释

被假释的社区矫正人员有下列情形之一的，由居住地社区矫正管理机关向原裁判人民法院提出撤销假释建议书并附相关证明材料，人民法院应当自收到之日起一个月内依法作出裁定：

（一）违反人民法院禁止性规定，情节严重的；

（二）未按规定时间报到或者接受社区矫正期间脱离监管，超过 1 个月的；

（三）因脱逃行为被处理之后再次脱逃的；

（四）因违反监督管理规定受到治安管理处罚，仍然不予改正；

（五）受到社区矫正管理机关三次警告仍不改正的；

（六）其他违反有关法律、行政法规和监督管理规定，情节严重的。

县级社区矫正管理机关撤销假释的建议书和人民法院的裁定书同时抄送社区矫正人员居住地同级人民检察院和公安机关。

人民法院撤销假释的裁定一经作出，立即生效。居住地县级社区矫正管理机关应当及时将罪犯送交监狱或者看守所，公安机关应当在抓捕、关押和押送方面予以协助。

社区服刑人员认为撤销假释的裁定不当的，可以提出上诉或者申诉，但是上诉或者申诉不影响对撤销假释裁定的执行。

不服裁定的上诉期限为 5 日，从接到裁定书的第二日起算。

十、撤销暂予监外执行

被暂予监外执行的社区矫正人员有下列情形之一的，由居住地县级社区矫正管理机关向批准、决定机关提出收监执行的建议书并附相关证明材料，批准、决定机关应当自收到之日起 15 日内依法作出决定：

（一）发现不符合暂予监外执行条件的；

（二）未经县级社区矫正管理机关批准擅自离开居住的县级行政区，经警告拒不改正，或者拒不报告行踪，脱离监管的；

（三）因违反监督管理规定受到治安管理处罚后仍然不予改正的；

（四）受到社区矫正管理机关两次警告后仍然不予改正的；

（五）保外就医期间不按规定提交病情复查情况，给予警告后仍然拒不改正的；

（六）暂予监外执行的情形消失后，刑期未满的；

（七）保证人丧失保证条件或者因不履行义务被取消保证人资格，又不能在规定期限内提出新的保证人的；

（八）其他违反有关法律、行政法规和监督管理规定，情节严重的。

社区矫正管理机关的收监执行建议书和决定机关的决定书，应当同时抄送社区矫正人员居住地同级人民检察院和公安机关。

人民法院对暂予监外执行罪犯决定收监执行的，人民法院通知居住地县级社区矫正管理机关及时将罪犯送交监狱或者看守所，公安机关应当在抓捕、关押和押送方面予以协助。

省级监狱管理机关对暂予监外执行罪犯决定收监执行的，省级监狱管理机关通知居住地县级社区矫正管理机关及时将罪犯送交监狱或者看守所，公安机关应当在抓捕、关押和押送方面予以协助。

公安机关对暂予监外执行罪犯决定收监执行的，由罪犯居住地看守所将罪犯收监执行。

社区服刑人员认为撤销暂予监外执行的裁定不当的，可以提出上诉或者申诉，但是上诉或者申诉不影响对撤销暂予监外执行裁定的执行。

不服裁定的上诉期限为 5 日，从接到裁定书的第二日起算。

第五专题　社区矫正的监督机制

监督是权力制约与权利保障的重要手段。在我国强调依法治国的现有权力构架下，监督作为控制其他权力的重要手段当然地存在着。社区矫正制度的运作也不例外，同样需要监督，这既是对国家权力的制约又是对当事人权利的保障。因此，社区矫正监督机制的完善与否直接决定着社区矫正制度运行的效果。

一、社区矫正的监督体系

（一）检察机关的监督

检察机关的监督，也即我们所说的检察监督，由于我国《宪法》和《人民检察院组织法》明确规定人民检察院的性质是“国家的法律监督机关”，所以说，检察机关具有与生俱来的监督性。也正因如此，检察监督往往被等同于法律监督。法律监督与其他监督类型相比，“法律监督的手段和程序是由法律明文规定的，法律监督机关只能运用法律规定的手段、按照法律规定的程序进行监督，只能在法律规定的范围内行使法律监督权，而不能在法律规定范围之外任意使用监督手段”①。在社区矫正这种刑事执行活动中，检察监督不仅是法律明确规定的监督类型，也是最主要的监督形式，故而在后文将作详细阐述。

（二）其他机关的监督

1. 权力机关的监督

① 向泽选：《法律监督：理念、机制与改革》，中国检察出版社2011年版，第28～29页。

在我国，权力机关是人民代表大会，故权力机关的监督也就是人民代表大会的监督，其在我国的监督体系中处于最高层次，也是最具权威的监督。当然，从广义上来说，人民代表大会的监督还包括人大代表的监督。人民代表大会监督的核心是监督宪法和法律的实施，方式主要有：①听取审议专项工作报告；②规范性文件的备案审查；③质询；④特定问题调查；⑤受理申诉、控告和检举；⑥执法检查；⑦撤职；⑧视察；⑨督促办理人民代表和委员提出的建议、批评和意见；⑩撤销或改变政府发布的不当法规、规章、命令和决议。不过，“由于权力监督的手段以‘议’为突出特点，其监督的方式具有一定的间接性，通常以‘议’为前置程序，一般不直接去纠正公共管理中的违法不当行为，只有当政策主体拒不改正或纠正时，权力监督机关才通过行使罢免权或撤销权的方式进行干预，而不能越俎代庖地自行决定”[①]。同样，权力机关在社区矫正中的监督也是间接监督，主要是监督人民法院、人民检察院、公安机关、司法行政机关的履行职务活动，即监督他们是否符合宪法和法律，是否符合人民的根本利益，是否正确贯彻人大及其常委会的决议、决定，是否正确行使职权等活动。

2. 审判机关的监督

审判机关的监督，即人民法院的审判监督，是指“人民法院通过行使审判权，在个案中对国家机关及其工作人员是否依法行使职权进行的监督以及上级人民法院对下级人民法院审判工作的监督”。[②] 这里既包括审判机关对系统外的其他国家机关行为的合法性所进行的外部监督（有刑事审判监督和行政审判监督两种形式），也包括审判机关系统内的自我监督即审级监督（主要通过二审程序、审判监督程序、核准程序和死刑复核程序来完成）。那么，社区矫正活动中的审判监督，主要体现为人民法院通过行使审判权对公安机关、司法行政机关以及其他行政机关在行使职权过程中行为的合法性予以监督，当然也包括上级人民法院对下级人民法院所作出的判决、裁定或决定进行系统内的自我监督。

3. 行政机关的监督

---

① 毛昭晖主编：《监督学》，中央广播电视大学出版社2008年版，第19页。
② 毛昭晖主编：《监督学》，中央广播电视大学出版社2008年版，第245页。

由于行政机关的行政权是行使最为广泛也是与公民关系最为密切的权力，所以行政机关的行政监督在社会生活中体现得最为显现和常态。行政监督既包括上级行政机关对下级行政机关进行的一般行政监督，也包括行政机关内部所设立的专门监督机关对国家行政机关及其工作人员进行的专门行政监督，如行政监察机关的监督、审计监督、法制部门的监督等。作为刑事执行的社区矫正，不仅体现着公安机关、司法行政机关的行政行为，还会涉及多个行政机关，如民政、劳动和社会保障等部门。所以，社区矫正中的行政监督不仅量大面广，而且也是遏制不公、渎职、腐败等现象的首道防线，是社区矫正活动得以廉洁高效的基础保障。

（三）社会的监督

1. 社会组织的监督

社会组织的监督主要包括中国共产党的监督、人民政协的监督以及民主党派和社会团体的监督。中国共产党作为我国的执政党，是我国各族人民的领导核心，通过党的各级组织对各级政府及其部门具体实施党的路线、方针政策和国家法律、法规的过程实行监督。在社区矫正活动中，中国共产党通过各级组织对各级机关及其工作人员予以监督。人民政协是中国人民爱国统一战线中的组织，是我国政治生活中发扬社会主义民主的重要形式。根据《中共中央关于坚持和完善中国共产党领导的多党合作和政治协商制度的意见》的规定："人民政协要对国家大政方针、地方重要事务、政策法令的贯彻、群众生活和统一战线中的重大问题，加强政治协商和民主监督。"因此，人民政协也可以对社区矫正活动实行民主监督。同样，民主党派作为参政党，通过多种形式和途径参与民主监督，也是社区矫正活动中进行监督的重要社会力量。社会团体如工会、青年团、妇女联合会、消费者协会等，在社区矫正中也发挥着重要的监督作用，是社会监督中不可或缺的组成部分。

2. 社会舆论的监督

社会舆论的监督是宪法赋予人民群众的一项基本权利，虽然其不具有法律的强制性和约束力，但具有反应速度快、传播范围广、渗透程度深的特点，从而产生的监督效应具有强大的影响力和震撼力。社会舆论的监督主要通过报刊、广播、电视、因特网等方式，尤其是在网络上的微信、微博已经形影不离地主宰并改变着人们生活的当今社会，社会舆论监督的强大功能也日益凸显。社区矫正就是在社会中进行的刑事执行活动，受到社会舆论的监督不仅是不可剥离的社会生活的组成部分，也是人们行使监督权保障合法权益、维护社会正义的必然要求。

3. 人民群众的监督

在我国，人民群众是国家的主人，国家的一切权力都属于人民，全心全意为人民服务也是执政党的宗旨。因此，人民群众通过各种方式和途径对党和政府及其公职人员予以监督是我国政治生活和社会生活中的应有之意。人民群众对作为刑事执行的社区矫正活动进行监督，是我国的民主监督在刑事执行活动中的重要体现。任何公民对于社区矫正活动中的国家机关及其工作人员的违法失职行为都有权向有关机关提出申诉、控告或者检举，有关机关必须查清事实，负责处理。

二、社区矫正的检察监督

（一）社区矫正检察监督的现状

人民检察院对社区矫正的监督，在我国社区矫正试点之初就已明确规定，即 2003 年 7 月 10 日“两院两部”联合发布的《关于开展社区矫正试点工作的通知》中的规定：“人民检察院要加强法律监督，完善刑罚执行监督程序，保证社区矫正工作依法、公正地进行。”自此之后，在多种有关社区矫正的规范性文件中都有相应的人民检察院对社区矫正进行法律监督的规定。并且，人民检察院对社区矫正各执法环节依法实行法律监督。

根据 2006 年最高人民检察院下发的《关于在社区矫正试点工作中加强法律监督的通知》，要求检察机关对社区矫正试点工作重点监督的四个环节为：第一，要依法加强对交付执行环节的监督。对监外罪犯的交付及交付执行的法律手续是否合法、完备等进行监督；第二，加强对执行变更环节的监督。对执行机关是否对在接受监督管理矫正期间违反法律、法规和有关监管规定的监外罪犯依法给予处罚，是否对暂予监外执行条件消失的监外罪犯依法收监执行，以及是否对符合减刑条件的监外罪犯予以减刑等进行监督；第三，加强对执行终止环节的监督。对执行机关是否对执行期满应当释放、解除管制、恢复政治权利，或者执行期间死亡的监外罪犯依法按期履行相关手续等进行监督；第四，加强对监管措施的监督。对执行机关是否及时建立帮教组织、建立管理矫正档案、落实日常监督管理措施以及对出现监外罪犯脱管漏管问题是否及时采取相应措施等进行监督。而检察机关对社区矫正试点工作的监督内容主要为：一是监督司法行政机关开展社区矫正的情况，了解司法所在矫正的组织管理、队伍建设、社区矫正对象监督管理、学习教育、奖惩考核及帮助矫正等方面的情况；二是监督各相关部门实施社区矫正的情况，对有关法律文书进行检察和核对，监督有关部门在决定环节、执行环节、变更环节和终止环节的执法活动是否合法而且对矫正对象进行考察；三是综合运用检察建议、纠正违法通知书等检察监督手段，对有关人员的违纪、违法、犯罪行为依法进行处理提高检察监督的权威性和强制性。①

人民检察院对社区矫正活动的监督手段，在相关的规范性文件中都有相应的规定，作为现今社区矫正活动中主要的规范性依据的2012年制定的《社区矫正实施办法》第37条对此也进行了集中规定，即“人民检察院发现社区矫正执法活动违反法律和本办法规定的，可以区别情况提出口头纠正意见、制发纠正违法通知书或者检察建议书。交付执行机关和执行机关应当及时纠正、整改，并将有关情况告知人民检察院”。由此可见，检察监督的主要手段就是提出口头纠正意见、制发纠正违法通知书和检察建议书。至于人民检察院对社区矫正活动予以监督的具体形式，根据司法实践和《人民检察院监外执行检察办法》的规定，目前主要采取的是定期专项检察的形式，即检察机关对社区矫正中的交付执行、教育矫正、监督管理等执法活动的情况在一年

① 郭延栋：《浅析社区矫正的法律监督》，转引自桑爱英：《社区矫正中的检察监督》，载《云南民族大学学报（哲学社会科学版）》2011年第1期。

内定期开展的专项检察活动。除此之外，还有不定期检察制度①、谈话制度、开展专项检察制度等。

目前，各地检察机关在因地制宜、积极探索对社区矫正进行监督的过程中，主要形成以下几种模式:② 一是监所检察科与派驻看守所检察室合署办公，社区矫正法律监督工作限于社区矫正专项检察。二是对于辖区内无看守所的县级人民检察院，其监所检察人员专门负责社区矫正检察工作，成为专职社区矫正检察官。三是对于撤销监所检察部门的县级人民检察院，社区矫正法律监督工作由其他科室检察人员兼职承担。四是在社区矫正人员数量较多的乡镇街道设立社区矫正检察办公室或监督站或联络站，由监所检察人员担任社区矫正检察官，定期、不定期到办公室工作。五是在乡镇街道建立与人民法庭、派出所以及司法所相对应的派出检察室，将社区矫正法律监督作为主要职责，将社区矫正检察官与乡镇街道检察室工作人员有机整合。

（二）社区矫正检察监督的不足

1. 人民检察院对社区矫正监督的观念不强。由于监所检察工作作为纯粹的监督工作在检察院中并不具有突出的地位，因此重视程度也不及反贪、公诉等部门。甚至有些地方在人员调配上将一些年龄偏大或其他工作兼职较多的同志安排负责监所检察工作，或者将安排在监所检察工作作为对老同志的

---

① 不定期检察的前提条件是检察机关发现或者经过有关机关的通知，认为社区矫正活动中可能存在严重违法问题，或者发生了重大事件。根据2009年发布的《关于加强和规范监外执行工作的意见》的规定，“严重违法问题”包括12种情形：（1）人民法院、监狱、看守所没有依法送达监外执行法律文书，没有依法将罪犯交付执行，没有依法告知罪犯权利义务的；（2）人民法院收到有关机关对监外执行罪犯的撤销缓刑、假释、暂予监外执行的建议后，没有依法进行审查、裁定、决定的；（3）公安机关没有及时接收监外执行罪犯，对监外执行罪犯没有落实监管责任、监管措施的；（4）公安机关对违法的监外执行罪犯依法应当给予处罚而没有依法作出处罚或者建议处罚的；（5）公安机关、监狱管理机关应当作出对罪犯收监执行决定而没有作出决定的；（6）监狱、看守所应当将罪犯收监执行而没有收监执行的；（7）对依法应当减刑的监外执行罪犯，公安机关没有提请减刑或者提请减刑不当的；（8）对依法应当减刑的监外执行罪犯，人民法院没有裁定减刑或者减刑裁定不当的；（9）监外执行罪犯刑期或者考验期满，公安机关、监狱、看守所未及时办理相关手续和履行相关程序的；（10）人民法院、公安机关、监狱、看守所在监外执行罪犯交付执行、监督管理过程中侵犯罪犯合法权益的；（11）监外执行罪犯出现脱管、漏管情况的；（12）其他依法应当提出纠正意见的情形。而2013年1月1日起施行的《人民检察院刑事诉讼规则》进行了细分并作出了更详细的规定。“重大事件”一般是指因脱管、漏管而导致社区矫正对象重新犯罪致一人以上死亡的、社区矫正对象群体上访的等事件。

② 吴宗宪：《社区矫正导论》，中国人民大学出版社2011年版，第382～383页。

一种“休养”待遇。① 即使是在监所检察工作中，长期以来的重点都是监所内自由刑的法律监督，“而忽视了同样大量发生的社区矫正等监外刑罚执行情况的法律监督，使得这些执法情况一直游走在法律监督的边缘，甚至在很多地方成为法律监督的盲区”②。并且，在我国社区矫正的探索阶段，有些地区还没有将对社区矫正的监督纳入部门的考核③，从而使该项职能更加不被引起重视。与此相联系的就是，检察人员的监督相对于社区矫正这种新型的制度来说，专业化程度和专业素养还存在一定的欠缺。

2. 检察监督所依赖的法律法规过于原则。《刑法修正案（八）》和修订后的《刑事诉讼法》虽然明确写入了“社区矫正”，具有划时代的历史意义，但对社区矫正的规定极为原则，缺乏现实的可操作性，更何况其有对社区矫正检察监督方面的规定。《社区矫正实施办法》也主要是规定了检察监督的手段，而对检察监督的具体程序以及介入时间、监督后果等都没有明确的规定。虽然《人民检察院刑事诉讼规则》中对监督程序做了相应的规定，但正如有学者所认为的，其带有浓厚的公文性色彩，不够具体，难免继续流于形式。④相比较而言，现实中检察机关进行检察监督主要依据的规范性文件是《人民检察院监外执行检察办法》和《关于在社区矫正试点工作中加强法律监督的通知》这两部指导性文件，虽然它们规定的较为详细，但也具有不仅规范的层级位阶较低，而且仍然存在着原则性较强的弊端。

3. 人民检察院的事后监督导致监督的效果不佳。检察机关目前采取的主要是定期与不定期检察、全面检察和重点检察的方式，但这些都是一种事后监督，监督时间滞后，监督效果不佳，这已不能适应当前社区矫正监督工作的需要。不过，现在将人民检察院对假释的作出进行了事中监督的规定，是一个进步。比如，在《最高人民法院关于减刑、假释案件审理程序的规定》

---

① 唐海燕：《社区矫正检察监督中的问题及对策》，载《中国检察官》2015 年第 5 期。

② 杨天健、张光利：《社区矫正检察监督窘境与突破》，载《山西省政法管理干部学院学报》2015 年第 1 期。

③ 考核的目的是促进人的工作，可以说考核机制就是工作的指挥棒，考核也是一种规范，在某种意义上来讲，考核考什么，基层的同志的精力就会向什么方向倾斜。现行监所部门工作考核机制实际上要求监所部门提出纠正违法、检察建议越多越好，办理监管场所职务犯罪案件越多越好。唐海燕：《社区矫正检察监督中的问题及对策》，载《中国检察官》2015 年第 5 期。

④ 韩玉胜：《刑事执行制度研究》，中国人民大学出版社 2007 年版，第 44 页。

中，人民检察院可以对报请假释的案件提出检察建议，人民检察院有异议的，应当开庭审理，人民法院应当在开庭3日前将开庭的时间、地点通知人民检察院，开庭审理中，检察人员可以发表检察意见。另外，《暂予监外执行规定》第18条第4款规定："人民法院在作出暂予监外执行决定前，应当征求人民检察院的意见。"但是，这种检察机关在决定阶段介入的规定还没有覆盖到所有对象。

4. 人民检察院对社区矫正监督的手段单一且强制力不够。目前，人民检察院实行的监督手段主要是提出口头纠正意见、制发纠正违法通知书和检察建议书，而且只是一种监督建议权，并不是实体处分权，再加上相关的法律和规范性文件也没有规定被监督单位的法律责任，以及缺乏建议权适用的程序性规范。如此不完善的规定在现实中就会出现，当被监督者不采纳建议的情况下，人民检察院无法进一步采取有效措施来对违法行为予以强有力的纠正。因此，在现实中人民检察院的建议是否被采纳完全取决于被监督单位的自觉性，或者主要取决于为了维护好兄弟单位的关系，从而导致检察监督的强制力非常脆弱，也有损检察监督的权威性和严肃性。

5. 人民检察院的监督信息不通畅。人民检察院对社区矫正的监督，必须要有全面、动态的相关信息，因此，信息对检察机关的监督工作具有极其重要性是不言而喻的。然而现实的运作过程中检察机关获得信息的途径较为单一且较为被动，并且往往是通过书面、间接的方式，致使所获得的信息不仅具有滞后性，还减弱了信息的真实性和完整性，导致其价值也得到相应的减损。

最后，有些易导致误解的规定也使检察监督权不能凸显。比如，《关于扩大社区矫正试点范围的通知》中规定，"司法行政机关负责组织实施，法院、检察院、公安、司法行政等相关部门紧密配合"。其实，其本意我们都能够理解，但这给人们造成的感觉是，检察机关在社区矫正活动中首先应当配合司法行政机关的工作，而主要不是监督职能。同样，《关于全面推进社区矫正工作的意见》也有类似规定，即"司法行政部门组织实施、指导管理，法院、检察院、公安等相关部门协调配合"。2016年公布的《社区矫正法（征求意见稿）》也有相似的规定，其中第4条规定："国务院司法行政部门主管全国的社区矫正工作。县级以上地方人民政府司法行政部门负责本行政区域的社区矫正工作。人民法院、人民检察院、公安机关和其他有关部门依照各自职责，分工负责、协调配合，共同做好社区矫正工作。”有些地方上的规范性文件也存在这个问题。

三、社区矫正监督机制之完善

（一）被害人的监督应当制度化

犯罪被害人在我国的司法系统中处于被边缘化的境况，在刑事执行的领域更难寻觅其踪影。然而，犯罪被害人在社区矫正中的监督功能，不但具有相应的理论基础而且还是社会的现实需求。

从理论的角度来看，对社区矫正的监督还可以分为外部监督和内部监督，外部监督主要是人大、政协、人民检察院、人民法院、人民群众或团体等进行的监督，内部监督主要是监所以及社区矫正机构等内部的层级监督。由于“在国家权力向公民权利分流的过程中，因国家权力而生并受法律义务所保障的公民的法律权利的行使，可以反过来制约国家权力的扩张”①。作为公民的犯罪被害人属于人民群众中的一分子，对犯罪人理应可以进行外部监督。并且根据“小政府大社会”的政治制度理论，不仅要加强社会力量对权力的制衡，还要使监管活动更加公开、透明。犯罪被害人作为社会力量的组成部分，犯罪被害人在社区矫正中的监督也是权力制衡和监管公正的需要。

从现实的维度来看，在社区矫正中，犯罪被害人作为利害相关者是最关心犯罪人的刑罚执行情况的。权力的运作是否客观公正，犯罪人是否有逃避惩罚的情况，自己的权益是否得到有效保护等，从某种角度来看都与犯罪被害人的物质或精神利益相关。正如有学者所说的：“执行是正义实现的最后阶段，被害人是犯罪的受害者，可以说，其对实现法律正义的期望最为强烈，没有人比被害人更为期望罪犯得到法律应有的惩罚。”② 因此，犯罪被害人在

① 林喆：《权力腐败与权力制约》，山东人民出版社2009年版，第253～254页。

② 周伟、万毅：《刑事被告人、被害人权利保障研究》，中国人民大学出版社2009年版，第267页。

社区矫正中具有天然的监督意欲。另外，犯罪被害人与犯罪人都生活在社区中，最贴近犯罪人的日常生活状态，对犯罪人的言行也易于观察，并且也会通过各种途径积极地了解犯罪人的情况，特别是那些与犯罪人居住较近甚至住在同一社区的被害人，就更容易了解和发现犯罪人的真实情况，而这些是作为国家机关检察院监督所难以具备的。因此，犯罪被害人在社区矫正中还具有弥补检察监督之不足功能。

因此，为了使被害人对社区矫正的监督具有规范化和可操作性，应当将其予以制度化，具体内容在《社区矫正中的被害人参与》专题中进行阐述。

（二）检察监督的进一步完善

社区矫正工作是我国司法体制和工作机制改革的一项重要举措，也是人类发展进程中文明程度的提高在行刑领域的体现。因此，近年来社区矫正工作已受到广泛关注，也引起国家领导人的高度重视，在中央的一些重要文件中也多次被提及。党的十八届三中全会通过的《中共中央关于全面深化改革若干重大问题的决定》中提出，要“健全社区矫正制度”，习近平总书记又于2014年在听取司法部工作汇报时作出重要指示：“社区矫正已在试点的基础上全面推开，新情况新问题会不断出现。要持续跟踪完善社区矫正制度，加快推进相关立法，理顺工作体制机制，加强矫正机构和队伍建设，切实提高社区矫正工作水平。”于是，党的十八届四中全会通过的《中共中央关于全面推进依法治国若干重大问题的决定》中进一步明确提出“制定社区矫正法”。鉴于此，社区矫正工作应引起各级相关单位和领导的高度重视，这是一切社区矫正工作的前提和基础。同样，检察机关理应抛弃传统的思维模式，将社区矫正的法律监督提升到与监所监督同样的高度，在人员配备、技术设备、信息共享、经费保障等方面予以强化和完善，同时，还要加强和提升社区矫正检察监督的检察人员的专业化水平和专业素养。如此，才能真正将中央的决定得以落实，增强检察监督的效能，从而促进社区矫正工作的全面开展。

对于检察监督手段比较单一和监督效力弱化的境况，有人提出对社区矫正的检察监督至少可以采取如下几种措施：[①] 一是提出意见。提出意见是法律

① 张继钢：《社区矫正检察监督探讨》，载《长春理工大学学报（社会科学版）》2014年第10期。

赋予检察机关的监督方式，如人民检察院可以就监狱、看守所提出暂予监外执行的书面意见向决定或者批准机关提出书面意见等。二是提出纠正意见。提出纠正意见同样是法律赋予检察机关的监督方式，而且引起相应的法律效果。比如，人民检察院认为人民法院减刑、假释的裁定不应向人民法院提出书面纠正意见，人民法院应当重新组成合议庭进行审理，作出最终裁定。三是抗诉。抗诉是检察机关最重要的监督方式和手段。检察机关提出社区矫正建议后，发现人民法院的判决、裁定明显不公，可以通过抗诉形式行使监督权。四是立案侦查。检察机关可以把查办职务犯罪案件与社区矫正法律监督有机结合起来，对社区矫正中的渎职等职务违法犯罪行为，享有核实和查证的权力。五是司法救济。司法救济是法律监督的一种特殊形式，检察机关在行使司法救济权时，还享有相应的监督手段，并产生法定效果。例如，当事人、辩护人、代理人、其他利害关系人对于司法机关及其工作人员侵害人身权利、财产权利的行为可以向有关办案机关申诉、控告，对处理不服的，可以向同级或上级人民检察院申诉，如查证属实，人民检察院应通知有关机关纠正。六是建议。检察机关享有建议权，运用建议履行监督职能的空间比较大，包括检察建议、量刑建议等。如通过非监禁刑审前风险评估，介入前社区矫正裁决程序，建议法院是否做出社区矫正判决等。七是临场。社区矫正检察人员出席社区矫正工作现场，包括人民法院社区矫正宣判的现场、社区矫正工作机构举行社区矫正宣告仪式的现场等，同样可以达到增强法律监督的效果。这些建议是非常中肯的，但对于检察机关的事中甚至事前的监督，以及监督后的强制力和程序性的设置还不够具体。

为了增强检察监督的强制力，应当赋予检察机关的监督具有强制的执行力，使纠正违法意见和检察建议具有刚性，同时，明确检察监督中的具体情形和程序规范，从而使检察监督能够取得法律权威和应有的法律效果。具体而言，可以明确规定检察机关对社区矫正工作中存在的违法行为提出纠正意见或检察建议时，若受监督的主体对此有异议的，可以向监督机关提出复议申请，对复议决定有异议的，可以向监督机关的上一级机关申请复核。异议期内未提出异议的，应当依法在法定期限内纠正司法、执法错误，否则应承担不利后果。[①] 当然，具体的不利后果形式根据受监督者和造成的实际后果等主客观上的具体情形予以明确规定。

最后，就是需要加强各部门之间有关社区矫正的信息共享，打破各部门之间的信息壁垒，畅通各部门之间的信息渠道。为此，可以充分利用计算机网络技术，联合建立信息共享机制，成立一个信息共享平台，这样才能真正实现“相互配合、相互制约”指导原则，从而使检查监督的职能得到最大化的发挥。比如，司法行政机关依托政务网构建矫正人员信息系统，对所有矫正人员的信息包括矫正监管信息都进行微机录入，并根据管理员级别、身份设置用户 ID 进行权限管理，从而实现对矫正人员的信息及行踪定位的微机管理。[②] 如此也加强了检察机关对社区矫正活动的实时监督。

至于对目前规范性文件中具有误解性的规定，可以在今后的立法中从技术上予以修改，表述上应当在凸显出检察机关的制约性（监督权）主要功能的基础上，再从维护公平正义的深层价值追求出发，要求各部门在各自的职责范围内应当予以协调配合。

另外，检察机关对调查评估中的虚构造假等违法或不公行为如何监督？对社工和志愿者的违规违法行为如何监督？（是否可以通过监督监管者的途径予以解决？）对于这些新情况，还有待于做进一步的深入研究。

（三）监察委员会监督的起航

2016 年 12 月 25 日，全国人大常委会作出了《关于在北京市、山西省、浙江省开展国家监察体制改革试点工作的决定》，标志着我国检察体制改革的正式启动。2017 年 10 月 18 日上午 9 时，中国共产党第十九次全国代表大会在人民大会堂开幕。习近平同志在十九大报告中指出：“深化国家监察体制改革，将试点工作在全国推开，组建国家、省、市、县监察委员会，同党的纪律检察机关合署办公，实现对所有行使公权力的公职人员监察全覆盖。”习近平同志还在十九大报告中提出，制定国家监察法，依法赋予监察委员会职责权限和调查手段，用留置取代“两规”措施。2017 年 10 月 29 日，中共中央

---

① 向泽选、骆磊：《检察：理念更新与制度变迁》，中国法制出版社 2013 年版，第 55 页。

② 尤君泽：《社区矫正同步动态监督机制的构建》，载《人民检察》2013 年第 19 期。

办公厅印发了《关于在全国各地推开国家监察体制改革试点方案》，部署在全国范围内深化国家监察体制改革的探索实践，完成省、市、县三级监察委员会组建工作，实现对所有行使公权力的公职人员监察全覆盖。监察委员会是与政府、法院、检察院并列的机构，由人大产生，向人大负责，受人大监督。按照《关于在北京市、山西省、浙江省开展国家监察体制改革试点工作的决定》，监察委对所有行使公权力的公职人员实施全覆盖的监察，其具有“监督、调查、处置”3 项职权和“谈话、讯问、询问、查询、冻结、调取、查封、扣押、搜查、勘验检查、鉴定、留置”12 项措施。而职权中的调查，按照陈光中教授的理解，一是针对违反党纪和行政法规的一般调查；二是针对职务犯罪的特殊调查，相当于原来的职务犯罪的刑事侦查。也就是说，社区矫正中的职务犯罪的监督权隶转为监察委。

在现有加强检察监督职能的建议中，把社区矫正的监督检察与查办职务犯罪案件有机结合起来就是重要的一种思路，且有些地方的实践中也是如此操作的。现将职务犯罪的侦查权从检察机关中剥离，这样虽然使检察监督权更加软化，但有可能对社区矫正中职务犯罪的监督变得更加有力。

第六专题　社区矫正中的被害人参与

被害人作为犯罪行为的直接受害者以及某些犯罪的亲历者，其也是司法过程中利益的直接相关者。然而，在我国现有的刑事司法制度中无论是在权利的配置上还是在程序的设计上，都与其相对应的犯罪嫌疑人（被告人、犯罪人）无法比肩。[①] 尤其是在刑事执行阶段，被害人像流星划过天空所留下的印记一闪而过。作为刑事执行的重要组成部分的社区矫正也是如此。最高人民法院、最高人民检察院、公安部、司法部于2012年联合印发的《社区矫正实施办法》第4条第2款对社区矫正对象进行调查评估时规定："受委托的司法行政机关应当根据委托机关的要求，对被告人或者罪犯的居所情况、家庭和社会关系、一贯表现、犯罪行为的后果和影响、居住地村（居）民委员会和被害人意见、拟禁止的事项等进行调查了解，形成评估意见，及时提交委托机关。"中央综治委预防青少年违法犯罪工作领导小组、最高人民法院、最高人民检察院、公安部、司法部、团中央于2010年联合发布的《关于进一步建立和完善办理未成年人刑事案件配套工作体系的若干意见》规定："对于可能不立案或撤销案件、不起诉、判处非监禁刑的未成年人刑事案件，应当听取被害人及其法定代理人的意见。"这可以说是涉及社区矫正的规范性文件中较少见到的积极的"被害人参与"的规定。除此之外，还有一些有关被害人消极参与的规定，虽然相对于积极参与的规定多些，但总体来说还是非常少。比如，最高人民法院、最高人民检察院、公安部、司法部于2011年联合

---

① 有学者从三个方面阐述了我国刑事诉讼中被告人的权利多于且强于被害人的权利的表现：第一，被害人缺少实质性的权利；第二，被告人的权利多于被害人的权利，有些权利被告人享有而被害人却没有；第三，被害人的权利与被告人的权利不对等。陈华丽：《刑事被害人权利保障研究》，知识产权出版社2012年版，第43页。

发布的《关于对判处管制、宣告缓刑的犯罪分子适用禁止令有关问题的规定（试行）》第5条在关于限制社区矫正对象接触的人员中规定："未经对方同意，禁止接触被害人及其法定代理人、近亲属。"另外，与社区矫正有关的涉及被害人是未成年人以及与被害人和解、对被害人予以赔偿的相应规定中也出现了"被害人"的身影。但是，从我国社区矫正的整体机制来看，被害人的参与还存在着严重不足的境况。因此，我们应当对我国社区矫正制度中被害人的参与予以充实和进行重新建构。

一、我国社区矫正中被害人参与不足的原因

我国现有机制中被害人参与社区矫正不足的境况，既表现为在整个社区矫正过程中被害人参与的实体权利的欠缺，也表现为被害人参与的程序保障的缺位。即使现有少得可怜的一些规定，也由于没有具体的程序保障和相关的制约性规定，导致被害人参与社区矫正既受不到重视也使得现有的规定难以得到切实可行的实施。产生我国这种境况的原因主要有如下几个方面：

（一）传统文化中的国家利益优位观

在我国的传统文化中，国家利益具有至高无上的地位，当其他利益与之衡量甚至相冲突时都应让位于国家利益。按照梁治平的话来说，甚至"中国传统文化里面没有个人，也就是说没有个人权利这种东西。然而没有个人权利，实际上就等于一般的没有权利"①。因此，对犯罪行为的理解也是作为一种"严重的社会危害行为"，而不提及是对个人利益的侵犯，直接就是对国家利益的侵犯。这种典型的国家利益优位观，其当然地也渗透在我国的刑事司法中。刑事司法中的刑事执行阶段的利益从宏观上可以分为国家和社会利益、犯罪人利益、被害人利益，在此，由于国家利益与被害人利益具有同质性，被害人利益被国家利益强行且善意地吸收。也即，国家对犯罪人的惩罚已经包含了对被害人利益的维护，以至于被害人受到犯罪行为侵害之后在国家惩罚犯罪人方面即刻成为旁观者。从而导致的情形正如霍华德·泽尔所说的：

① 梁治平：《法律的文化解释》，生活·读书·新知三联书店1994年版，第311页。

“这真是绝妙的讽刺，也是一场终极的悲剧。那些直接遭受犯罪侵害的人们反而不是解决犯罪方案中的组成部分，实际上，他们甚至没有被纳入我们对这一问题的理解的框架之中。”①

（二）犯罪中心主义的刑事法学观

犯罪中心主义的刑事法学观是将“刑事”等同于“犯罪”，“对被害问题的认识上，有关的刑事学科理论体系停留于一种感性的意念，似乎将被害问题作为了犯罪问题的‘影子’，而缺乏一种理性的自觉”。② 犯罪中心主义刑事法学观在刑法学、刑事诉讼法学、刑事政策学等刑事科学中都有所体现。于是，无论是在立法上还是在司法中，犯罪中心主义的刑事法学观都以犯罪和犯罪人为中心，注重对犯罪的追究和犯罪人的惩罚，以及考虑到犯罪人相较于国家机关而言处于弱势的地位，故此在司法过程中过于注重对犯罪人权益的保护，而对被害现象以及被害人的诉求和权益保护却漠不关心。这种漠不关心在刑事执行阶段又表现得尤为突出。

（三）惩罚犯罪的国家责任观

对犯罪人的惩罚，“在原始社会和奴隶社会初期，被害人居于刑罚执行者的地位。但是，随着社会的发展，国家的出现和完善，执行刑罚成了构成国家主权之一部分的司法权的一个组成部分，由国家来实施。被害人失去了刑罚执行者的地位”。③ 也就是说，处理犯罪是国家和犯罪人之间的事情，惩罚犯罪是国家的责任，对犯罪人的惩罚权由国家独揽，被害人无须也无必要介入司法权的运作中来，以至于现如今都将刑罚视为国家对犯罪人采取的强制措施。如日本学者西原春夫所说：“刑罚是国家对作为犯罪的法律效果科处私人的法益的剥夺。”也如我国台湾学者高仰止所说：“刑罚者，乃国家依据刑法法规之明文，以剥夺私人法益为手段，对于犯罪人本身所加公法上之制裁也。”④ 于是，在刑事执行领域被害人也就成了即使有所欲求也无法表达的局外人。

---

① 转引自房保国：《被害人的刑事程序保护》，法律出版社2007年版，第34页。

② 高维俭：《刑事三元结构论——刑事哲学方法论初探》，北京大学出版社2006年版，第9页。

③ 郭建安主编：《犯罪被害人学》，北京大学出版社1997年版，第8页。

④ 马克昌主编：《刑罚通论》，武汉大学出版社1999年版，第9页。

二、被害人参与社区矫正的利弊分析

任何事物或行为都是利弊同体的，有其有利性的一面也必然存在着相应的弊端。我们人类的行为实质上就是在利弊衡量的基础上所作出的选择，正常情况下都是从事利大于弊的行为。同样，被害人参与社区矫正既有其有利性的一面，也会产生一定的弊端。

（一）被害人参与社区矫正之利

1. 有利于保障被害人的权益。在现行的社区矫正运行中，以维护国家和社会的利益为主旨，被害人的权益保障往往被忽视，甚至被离心于机制之外。虽然被害人的利益也属于国家和社会利益的组成部分，但是，除被害人之外的任何机构和个人都是不可能完全替代与犯罪有直接利害关系的被害人的利益。故而，被害人为了维护自身的权益，也具有强烈的参与社区矫正的意愿，从而使得自己身临其境以“看得见的方式”来保障自我权益。另外，由于被害人在现有的机制中处于被忽视的弱势地位，其保障权益的参与行为，也是利益衡量理论的逻辑结果。正如有学者所说的：“通过利益衡量促进社会福利时不能采取牺牲弱者的‘劫贫济富’的方式，而是要均衡各方利益，优先保护在制度安排和现实生活中处于最不利地位者的紧迫利益。”① 因此，只有被害人的参与才能平衡对犯罪人和被害人的权益保护，使被害人最不利地位得以改观，从而更好地保护一直被国家善意吸收的被害人权益。

2. 有利于促进服刑人的矫正。影响社区服刑人员矫正效果的因素既有来自其自身的也有来自外界的，既有客观方面的也有主观方面的，而在诸多的影响因素中，被害人在各种因素作用力的大小中起到了关键的制约性。犯罪人由于自己的犯罪行为给被害人及其亲属所造成的伤害甚至导致被害人或整个家庭处于社会的不利状态，当其直接面对被害人予以聆听和了解被害人的境况时，能够激发犯罪人心底柔弱的善的一面，能够使其真诚地悔悟，认识

---

① 李可：《利益衡量的方法论构造——以司法性利益衡量为中心》，载《上海政法学院学报》（法治论丛）2017 年第 2 期。

到遵守规范的重要意义。并且，犯罪人对被害人的道歉和积极地赔偿被害人的经济损失，在得到被害人谅解的情况下，可以弱化双方激烈的对抗情绪和矛盾，也可以使犯罪人放下被害人可能打击报复的心理顾虑。尤其是被害人在发泄完心中郁积的不满和愤恨时，对犯罪人提出的要求和教导，具有任何形式无法替代的现场教育作用。另外，犯罪人对被害人的态度也是取得社会对其原谅的通道，是其社会化进程中的重要环节，有利于犯罪人减弱社会对其排斥的心理负担，从而抛弃自暴自弃的不良情绪，增强其重新做人而融入社会的勇气。

3. 有利于监督执法者的行为。执法者手中握有国家法律赋予的权力，而权力必须受到监督，正如孟德斯鸠所说的："一切有权力的人都容易滥用权力，这是万古不易的一条经验。有权力的人们使用权力一直到遇有界限的地方才休止。""从事物的性质来说，要防止滥用权力，就必须以权力约束权力"。① 因此，社区矫正的执法活动过程中，权力的运作也会产生权力寻租现象，从而发生一些暗箱操作、权钱交易的违法甚至犯罪活动。从我国现有的法律规定来看，对社区矫正执法者的直接监督主要来自检察机关，而检察机关由于监督的"正式"性以及自身利益局限性，必然存在着监督盲区和受限的监督效率。故此，应当发挥多主体监督的配合作用，使权力在阳光下运行。其中，被害人参与到社区矫正的活动中来，可以对执法者的活动起到很好的监督作用。不仅是由于被害人对社区矫正活动最为关心，而且还是由于被害人监督的"非正式"性，使得监督无时无处不在。另外，从某种意义上来看，被害人的监督往往并非仅指被害人个人，而是包括被害人的亲属、朋友、邻居、单位等各信息相关联者，以至于社区矫正执法者的活动变成在群众的眼睛下运行。

（二）被害人参与社区矫正之弊

被害人由于是直接的利益相关者，其言行必然将以自身的利益最大化为基点，加之对犯罪人激愤报复的心理和及时惩罚的愿望，或者欲得到精神或物质上的宣泄和赔偿，从而使其参与到社区矫正中难以做到客观中立的立场。

① ［法］孟德斯鸠：《论法的精神》（上册），张雁深译，商务印书馆1961年版，第154页。

并且，由此可能会降低社区矫正的效率，增加社区矫正的成本。因为“在法院已将被告人定罪、处刑的情况下，被害人的利益被认为已经得到了维护，如果再让被害人进入刑事诉讼的执行阶段，不仅没有必要，还会造成资源的浪费”①。另外，社区服刑人员在接受惩罚的过程中，相较于国家权力和社会制约来说，已处于弱势地位，若被害人再过多的合法介入，会导致其弱势的境况更加严重和产生过度的心理负担，可能会影响其教育矫正的效果，以至于社会化的进程。

虽然被害人参与到社区矫正中可能会产生上述一些弊端，但与其获得的利益相比，这些弊端都处于次要的地位。其中，有些属于不可避免的必然存在，如被害人难以做到客观中立的立场，有些可以通过其他方式予以弥补，如对服刑人员造成的心理压力。尤其是，被害人由于遭受到犯罪行为的侵害后往往沦落为社会中的弱势群体，精神创伤以及经济、社会地位发生极大变化时，我们更应该对其予以特别的保护。正如有学者所说的：“对弱势群体追求幸福的群体给予特别保障，是公平正义的体现，也是社会和谐的要求。法治运用差别原则对现实中的不合理差异进行矫正，对弱势群体追求幸福的权利给予特殊保障。”② 被害人的参与不仅体现了公平正义，而且也是其“追求幸福”（自身利益最大化）的权利，从而使其能更好地保障自身权益。并且，被害人的参与也是为其提供了与犯罪人直接沟通的桥梁和自我排泄的渠道，将积怨释放于当下，不至于为自己留下一些终生的遗憾。

三、被害人参与社区矫正的权利建构

权利是现代政治法律领域中的核心概念，其“作为用来诉求和表达正义的方便而精巧的工具，权利语言提供了一种表述实践理性要求的途径”③。因而被害人参与社区矫正的具体情况也主要是通过其在社区矫正中的权利表现

① 杨正万：《刑事被害人问题研究——从诉讼角度的观察》，中国人民公安大学出版社2002年版，第298页。

② 何士青：《论法治与公民幸福》，载《政法论丛》2012年第1期。

③ 转引自夏勇：《权利哲学的基本问题》，载《法学研究》2004年第3期。

出来的。于是，被害人在社区矫正中应当具有哪些权利以及这些权利如何行使，就变得尤为重要，且直接影响着被害人参与社区矫正之利的发挥和对其弊的抑制。

（一）知情权

知情权是获得相关信息的权利，其基本含义是“一种能够为不同的法律制度、法律文化传统都能够接受的有关被害人的最基本的诉讼权利”。① 被害人要维护自己的合法权益，必须要对案件的事实和处理过程以及犯罪人的基本情况有所知悉，因此，知情权具有一定的本源性。同样，对于作为刑事执行的社区矫正来说，知情权也是被害人参与社区矫正中最基本的权利，是其他权利得以行使的前提。然而，在我国现有的社区矫正的规范性文件中，并没有被害人知情权的相关规定。

在西方，许多国家都将被害人的知情权明确规定于相关的法律之中。比如，美国 1990 年的《被害人权利与损害恢复法》是规定了被害人参与刑事执行的一部具有代表性的法律，根据该法，审判后，负责官员应尽可能早地告知被害人：罪犯假释听证的日程；罪犯的脱逃、工作释放、出狱假，或任何其他形式的释放被羁押罪犯的情况；罪犯在押期间的死亡。负责官员应为被害人提供关于矫正程序的总体信息，包括与工作释放、出狱假、假释相关的信息。② 加拿大 1992 年的《矫正与有条件释放法》第 26 条规定：“（1）在罪犯侵害的被害人的要求下，局长（a）应当向被害人公布关于罪犯的下列信息：（ⅰ）罪犯的姓名；（ⅱ）罪犯被法院定的罪名和将罪犯定罪的法院；（ⅲ）罪犯开始服刑的日期和刑期；（ⅳ）根据本法罪犯符合暂时离监或假释条件的日期和进行这类审查的日期。（b）在认为公布罪犯的下列信息对被害人利益的保护超过因此可能导致对罪犯隐私权的侵犯时，可以向被害人公布下列信息：（ⅰ）罪犯的年龄；（ⅱ）……（2）……可以根据该罪犯侵害的

---

① 杨正万：《刑事被害人问题研究——从诉讼角度的观察》，中国人民大学出版社 2002 年版，第 391 页。

② 陈华丽：《刑事被害人权利保障研究》，知识产权出版社 2012 年版，第 170 页。

被害人的要求向被害人公布该信息。(3)……"①

我国在未来的立法中，可以在借鉴西方的立法经验的基础上，对被害人的知情权应当明确予以规定。如果从被害人是直接的利益相关者角度来看，被害人有一切与之相关的信息的知情权，但我们也必须顾及国家的司法权威和效率，考虑整体的利益平衡，保障犯罪人的应有权利。所以，我们认为，借鉴加拿大的做法，将告知被害人的信息分为"应当告知的"和"可以告知的"两种情形，但不赞成把"被害人的要求"作为其前提条件。因为被害人往往并不了解犯罪行为和司法过程的具体情况，以及何种信息是自己需要知道的信息，若将"被害人的要求"作为被害人知情权行使的前提，很可能导致被害人需要获得的信息而由于没有提出要求错失信息的完整性，从而使自己的权益保护变得并不充分。

（二）陈述意见权

陈述意见权，是被害人充分表达自己意愿的权利，它是被害人参与社区矫正所享有的一项重要的实质性权利。② 日本学者谷口安平曾说："与程序的结果有利害关系或者可能因该结果而蒙受不利影响的人，都有权参加该程序并得到提出有利于自己主张和证据以及反驳对方提出之主张和证据的机会。"③ 虽然这是针对刑事诉讼中证据意义的被害人陈述而言的，但其体现的理念是与被害人的陈述意见权是相通的。被害人的陈述意见权不仅是被害人对自己的不利所具有的反驳渠道，以及其知情权的逻辑结果，而且被害人的意见只有得到充分表达，才能展现其主体性地位，获得被尊重的感觉。另外，被害人的陈述意见权得到充分表达还可以使社区矫正的决定机关、执行机构全面听取各方意见，避免偏听偏信的不完整信息的干扰。

被害人的陈述意见权在我国现有的法律中并没有规定，但一些境外的刑

---

① 具体内容可参见刘强主编：《各国（地区）社区矫正法规选编及评价》，中国人民公安大学出版社2004年版，第207~208页。

② 被害人陈述在我国《刑事诉讼法》中是独立的证据种类，其所述内容主要是遭受犯罪行为侵害的事实和有关犯罪嫌疑人、被告人的情况。而此处探讨的被害人的陈述意见权范围要比作为证据种类的被害人陈述范围要广，可以说包括一切被害人想要叙述的内容。

③ ［日］谷口安平：《程序的正义与诉讼》，王亚新、刘荣军译，中国政法大学出版社1996年版，第13页。

事诉讼法都有一些相应的规定。比如，美国法律中的被害人陈述意见权主要是通过被害人影响陈述来实现的。被害人影响陈述是由被害人提出的关于犯罪人和被害对被害人及其家庭所造成的后果的意见和观点。通常，被害人影响陈述是被害人向法官提出的对被告人判决的意见。在某些州，矫正机构将被害人影响陈述作为囚犯档案的一部分，或者根据被害人的要求，矫正机构中的囚犯必须考虑这些意见和观点。① 我国台湾地区的“刑事诉讼法”（2002年修正）第271条也有规定，审判期日，应传唤被害人或其家属并予陈述意见之机会。这类似于美国的被害人影响陈述。不过，对于被害人参与社区矫正而言，陈述意见权是被害人意愿转化为现实的重要通道，在未来社区矫正的顶层设计时，可以借鉴境外的类似规定，应当将其贯穿于社区矫正的决定、监管、变更等整个过程，从而使被害人的陈述意见权的功能得到最大化的发挥。

（三）监督权

在我国，检察机关是法律监督机关。因此，对社区矫正活动的法律监督权只能是检察机关享有。② “但检察机关由于人力、财力等原因可能监督不力，也可能由于诉讼外因素的作用而使检察机关疏于监督，屡见的刑事执行程序中发生的违法犯罪案件证明检察机关独家监督不足以保证刑事执行程序的公正。”③ 故此，为了改变和化解检察机关监督不足的现状与矛盾，赋予被害人一定的监督权，不失为一条理想的进路。不过，我们在这里所说的被害人的监督权，应该是从更广的意义上去理解，即包括对司法行政人员、社区矫正工作者以及社区服刑人员在整个社区矫正中的监管和服刑活动。被害人的监督具有其他机关和个人的监督不具有优势，因为被害人毕竟是事件的亲历者或直接的利害关系人，对案件的基本情况最为了解也最为关心。并且，被害人也生活在社区中，不仅对服刑人员的态度及执行情况易于得知，而且对服刑人员的其他情况也能够了解。所以，被害人参与到社区矫正的监督活

① 郭建安主编：《犯罪被害人学》，北京大学出版社1997年版，第221页。

② 当然，随着我国监察委制度的试点和发展，今后除了检察院具有法律监督职能之外，监察委对公权力具有全覆盖的监督。

③ 刘强主编：《社区矫正制度研究》，法律出版社2007年版，第537页。

动中，不仅能够弥补检察机关监督不足的境况，也是对监督者的监督，减少社区矫正活动中的权力寻租现象，而且还能够增强对社区服刑人员的监管，使社区矫正执行机构得以“更及时地发现服刑人员的相关情况，对违反监督、考察规定的社区服刑人员，根据具体情况依法采取必要的措施，对重新犯罪的社区服刑人员，及时依法处理”,① 从而提高社区矫正活动的监管效能。

（四）查询权

若将知情权视为被害人被动的获得相关信息的权利，那么，查询权可以说是被害人主动的获得相关信息的权利。具体而言，就是被害人具有查阅、询问、复制、摘抄与案件有关的卷宗材料等相关信息的权利。该项权利不仅是对知情权的补充，而且也是被害人能够得以更好地行使陈述意见权和监督权的基础。尤其是，查询权所获得的信息和渠道与被动所获得的信息以及通过其他渠道所获得的信息对于被害人来说意义完全不同。因为“查询权是保证公民被政府公平对待的基本权利，并保证了信息的准确性”。② 所以，这些“官方”的信息既是国家惩处犯罪人的依据，也是可信度最高的信息，从而使被害人消除不必要的猜测与误解。

对于被害人的查询权，我国法律不仅在刑事司法的执行阶段没有规定，即使在之前的各阶段也无相关规定。而从世界范围来看，许多国家对此都有相关规定。比如，日本《犯罪被害人保护法》第 3 条规定，被害人及其法定代理人、委托律师都享有审判记录的阅览和复印权；俄罗斯《刑事诉讼法典》第 42 条规定，被害人可以“在审前调查结束时了解刑事案件的全部材料、摘抄其中的任何材料的任何部分、复制包括使用技术手段复制刑事案件材料，如果有几名被害人参加刑事案件，则每个被害人均有权了解涉及与对该被害人所造成的损害有关的案件材料”。在刑事司法最后阶段的刑事执行中的社区矫正过程中，为了使被害人能够充分参与其中，赋予被害人查询权是非常必要的，也是被害人的权利结构更加完整。

---

① 最高人民法院、最高人民检察院、公安部、司法部于 2003 年 7 月 10 日联合印发的《关于开展社区矫正试点工作的通知》中对公安机关和司法行政机关职责的规定。

② 刘越：《隐私权与知情权的互补、冲突与制衡》，载《上海政法学院学报》（法治论丛）2016 年第 2 期。

（五）获得赔偿权

被害人在遭受犯罪行为侵害之后，不仅有着强烈的谴责和惩罚犯罪人的愿望，而且也有着得到赔偿的意欲。从不可挽回的现实状况来看，被害人谴责和惩罚犯罪人强烈的愿望毕竟是短暂的，且随着时间的推移会逐步淡化，而获得赔偿既是消解对立情绪的途径也是被害人今后长久生活的需求。所以，被害人在刑事执行阶段之前未得到充分赔偿的情况下，被害人的获得赔偿权是被害人参与社区矫正中最现实和显现的一项基本权利。虽然我国《刑事诉讼法》第99条规定“被害人由于被告人的犯罪行为而遭受物质损失的，在刑事诉讼过程中，有权提起附带民事诉讼”，《刑法》第36条规定“由于犯罪行为而使被害人遭受经济损失的，对犯罪分子除依法给予刑事处罚外，并应根据情况判处赔偿经济损失”。但是，这样的规定止于执行阶段，且被害人的获得赔偿权在作为刑事执行的社区矫正的相关规范性文件中也没有规定。然而，西方一些国家已将被害人的获得赔偿权延伸至执行阶段，尤其是许多国家都将赔偿作为社区矫正（主要是缓刑和假释）的适用条件。如英国于2001年10月，法律赋予被害人针对犯罪对他们和他们生活的影响提出个人的报告，在对于暴力犯罪和性犯罪服刑人员予以提早释放时，需要通知被害人并征求他们的意见，被害人有受到尊敬、保持尊严、受到保护、帮助、获得赔偿和修复的权利。① 因此，我国在未来社区矫正制度的完善中，应当明确规定被害人的获得赔偿权，且不局限于社区矫正的决定阶段，而应贯穿于社区矫正的监管过程中。如此才能使被害人获得的赔偿更加充分，不至于在审判阶段无法获得的赔偿失去救济的机会，从而使被害人的权益得到最大化保障。

另外，在现有的法律规定中，被害人在执行阶段之前即使可以获得赔偿，但主要是人身、物质损害的赔偿，对于精神损害赔偿仅局限于三种情况：如果赔偿主体是国家的，根据《国家赔偿法》第35条的规定，被害人享有精神损害赔偿权；如果人身伤亡后果是因驾驶机动车造成的，以及当事人就民事赔偿问题达成调解、和解协议的，被害人也享有精神损害赔偿权。我们认为，由于犯罪行为特别是暴力性犯罪和性犯罪不仅给被害人造成直接的人身和物

---

① 刘强主编：《社区矫正制度研究》，法律出版社2007年版，第530页。

质损害，还会带来极大的精神负担和痛苦，甚至有些情况下精神创伤的后果远远比人身、物质损害的影响要严重和长久。因此，应当对被害人的精神损害赔偿权予以拓展，并且将此也延伸至刑事执行的社区矫正阶段。

四、被害人参与社区矫正的程序设计

为了充分发挥被害人参与社区矫正之利，抑制被害人参与社区矫正之弊，除了对被害人参与社区矫正的权利进行合理建构之外，还要进行完善的程序设计也是不可或缺的。而且，被害人应当参与到社区矫正的整个过程中，即从社区矫正的决定到社区矫正的执行、变更、终止的整个过程。

（一）被害人参与社区矫正的决定程序

社区矫正的决定程序是社区矫正的入口，被害人在此阶段参与的情况，根据现有的规定来看，主要是《社区矫正实施办法》第4条，规定了人民法院、人民检察院、公安机关、监狱对拟适用社区矫正的被告人、罪犯需要调查了解被害人意见。但是，没有规定将结果告知被害人。这样导致被害人不能及时得知自己的意见是否被采纳以及采纳了多少，使被害人易于产生自己的意见只是走过场的认识。因此，应当进一步明确规定："人民法院、人民检察院、公安机关、监狱将对被告人、罪犯是否适用社区矫正的结果于做出决定之日起3日内告知被害人并说明理由。"至于有学者针对缓刑提出设立缓刑听证程序，参加人员有检察机关的公诉人、公安机关辖区派出所的管片警察、被告人的家属、被告人所在单位的代表、被告人居住的社区基层组织代表、被告人本人及其辩护人等，其他群众都可以参与旁听。① 我们认为这种建议是非常有见地的，只是没有将被害人及其家属列为参加人员实属遗憾。并且，听证程序不仅局限于缓刑，还应当适用于假释、暂予监外执行的做出（管制作为主刑之适用不宜设立听证程序）。另外，为了保障被害人的权益和监督司法行为，应当设立被害人的上诉和申诉程序以及被害人的查询程序。具体而言，被害人不服法院的判决于10日内、不服法院的裁定于5日内可以向上一

① 阮方民：《对改进我国缓刑制度的两点思考》，载《法学》2000年第10期。

级法院上诉。被害人对法院作出的生效判决、裁定以及监狱管理机关、公安机关作出的决定于收到通知书之日起1年内有权向有关机关提出申诉。当被害人对涉及自己的案件相关信息需要获悉时可以向有关机关和人员进行询问和查询，有关机关和人员应当予以提供便利。

（二）被害人参与社区矫正的执行程序

社区矫正的执行就是对社区服刑人员从入矫到出矫过程中的监管。被害人参与社区矫正的执行，既可以体现为被害人协助社区矫正机构对社区服刑人员的监管，又可以体现为被害人对社区矫正机构及其工作人员的监督。具体来说，在社区矫正的执行过程中，被害人发现服刑人员有违反监管规定的行为，可以向执行机构反映并要求加强监管。若执行机构不作为，被害人可以向其上级主管机关反映情况，或者向同级人民检察院申请予以法律监督。同样，在社区矫正执行期间，被害人发现执行机构工作人员有违法、违纪行为的，也可以向其上级主管机关反映情况，或者向同级人民检察院申请予以法律监督。不过，“权利有产生恶行的倾向，不能任由公民无限制地行使基本权利”。[①] 因此，对被害人参与社区矫正执行时的基本权利也应予以限制。比如，被害人由于自己的怨恨、报复等心理而实施的有违公平正义的行为应当予以制止，若违法，需要承担相应的法律责任。除此之外，被害人也可以（或者以志愿者的身份）参与到对社区服刑人员的集中学习教育等日常监管工作中。由于被害人是犯罪行为的直接受害者，其对自己亲身经历的损害和精神痛楚的叙述是最具有感染力的，也最能使服刑人员勾连起自己的犯罪后果，这种类似于“情境教育”的方式也易于使服刑人员认识到自己的犯罪行为给被害人乃至于社会带来的危害，从内心深处产生认罪悔罪、弃恶从善的思想转变，从而有利于增强社区矫正的执行效果。

（三）被害人参与社区矫正的变更程序

社区矫正的变更是指社区服刑人员被收监执行或者因重新犯罪、发现漏罪被羁押而终止社区矫正的情形。而我们这里所说的被害人参与社区矫正的

---

① 吴英杰：《快递实名制下公民基本权利限制的合宪性考量》，载《上海政法学院学报》（法治论丛）2017年第1期。

变更程序主要是指缓刑、假释、暂予监外执行的社区服刑人员因违反监管规定或暂予监外执行情形消失而被收监执行的情形。我国现有的社区矫正变更程序中并无被害人参与的身影。然而，缓刑、假释、暂予监外执行的社区服刑人员违反监管规定或暂予监外执行情形消失等情况，被害人相对来说最为关心。因此，当社区服刑人员因此类情形发生而收监时，应当通知被害人。同时，被害人也可以对此进行监督。具体来说，可以增设："被害人发现社区服刑人员有违反监管规定或暂予监外执行情形消失的情况的，可以向社区矫正执行机构反映，社区矫正执行机构应当及时核查，并将核查结果通知被害人。""被害人对社区矫正机构的核查结果有异议的，可以自接到通知书之日起10日内向其上级主管机关申请复核。被害人也可直接向同级人民检察院申请予以法律监督。""原裁判人民法院裁定撤销缓刑、假释或者批准、决定暂予监外执行的机关决定收监执行的，应当将裁定书、决定书于作出之日起3日内送达被害人。"

（四）被害人参与社区矫正的终止程序

从广义上来看社区矫正的终止，社区矫正的变更其实也是一种终止，只是因非正常（或者说是违法）情形或暂予监外执行情形消失的终止，服刑人员仍需继续服刑，而我们这里所说的社区矫正的终止是从狭义上来认识的，主要是指因正常情形且不存在继续服刑的终止，具体来看就是指服刑人员的刑期或考验期满而解除矫正以及执行期间死亡而终止矫正的情形。根据《社区矫正实施办法》的规定，社区服刑人员死亡的，县级司法行政机关应当及时书面通知批准、决定机关，并通报县级人民检察院。社区矫正期满的，司法所应当组织解除社区矫正宣告，并通知有关部门、村（居）民委员会、群众代表、社区矫正人员所在单位、社区矫正人员的家庭成员或者监护人、保证人参加宣告，且司法所将有关材料转交给安置帮教工作部门。而我们认为，无论是服刑人员死亡还是期满终止社区矫正而转为安置帮教的，都应当通知被害人，这既是被害人知情权的内容也是被害人实施监督的前提，且有利于被害人提前做好思想准备或生活安排，不至于可能出现的相遇尴尬。

总之，在人类与犯罪作斗争的漫长刑事司法历史进程中，被害人的地位也不断地演变，总体而言，随着社会文明程度的提高，其地位趋于逐步下降之势。然而“刑法的最高价值取向是公平和正义，目的是保障人权”,① 这里理应包含对被害人人权的保障。现如今，逐渐被“遗忘”的被害人再次引起人们的关注，加强被害人的权益保障也纳入世界各国刑事司法改革的视野。然而，我国自社区矫正试点以来，主要的“精力”都放在了对犯罪人的权益保障，这样对犯罪人的情有独钟又更加彰显了被害人的孤独和无奈。而“对于被害人来说，能够亲自感受到犯罪分子得到了应有的惩罚、自己的权利和意志得到尊重，这种抚慰作用是任何物质补偿都无法替代的，执行程序对于被害人的心理满足来说具有重要作用”。② 因此，未来社区矫正的发展，无论是立法还是司法，都应给被害人的参与留有一定的空间，使被害人在刑事执行中也有一定的存在感。

① 柳忠卫、郭琳：《“刑法的刑事政策化”的理论解读》，载《政法论丛》2015 年第 4 期。
② 房保国：《被害人的刑事程序保护》，法律出版社 2007 年版，第 252 页。

第七专题　保外就医制度之完善

根据《刑事诉讼法》的规定，暂予监外执行适用的三类罪犯是：有严重疾病需要保外就医的；怀孕或者正在哺乳自己婴儿的妇女；生活不能自理，适用暂予监外执行不致危害社会的。在这三类罪犯之中，保外就医适用比例是最大的，同时也是问题最突出的。2014 年 9 月至 2016 年 11 月全国适用暂予监外执行的总数为 1183 人，而保外就医的就有 861 人，其比例高达 73%。① 另外，保外就医作为体现人道主义的暂予监外执行的刑罚执行方式之一，其这种政策上的价值取向也是与其他社区矫正对象进行非监禁的刑罚执行或执行措施的本质区别。

一、我国保外就医制度的法制历程

保外就医制度在我国有着悠久的历史，有人认为其源头最早可以追溯到汉代。② 不过，中华人民共和国成立后，第一次明确规定保外就医的是 1954 年 8 月 26 日政务院通过的《中华人民共和国劳动改造条例》，其中，规定保外就医的适用对象包括两大类：第一类是有精神病或者患急性、恶性传染病的；第二类是有严重疾病在关押中可能发生生命危险的。并且还规定，这两类对象既包括已决犯也包括未决犯，但罪大恶极的罪犯除外。同时又明确了保外就医的审核批准机关是公安机关，对被批准保外就医的罪犯进行监督的是其居住地的公安机关。罪犯在保外就医期间，算入刑期以内。

① 高一飞、汪友海：《暂予监外执行的实践困境与改革方向》，载《重庆理工大学学报（社会科学）》2017 年第 2 期。

② 陈志海：《我国保外就医制度的历史发展》，载《犯罪与改造研究》2015 年第 9 期。

新中国第一部《刑事诉讼法》即1979年的《刑事诉讼法》对保外就医制度进行的确认。之后，在1994年的《监狱法》中对保外就医制度进行了进一步的明确和细化。在总结实践经验以及执行过程中存在的问题基础上，1997年的《刑事诉讼法》增加、丰富了保外就医制度的法律内容。另外，除了法律对保外就医制度的确认和规制之外，还在一些规范性文件中予以体现或制定了一些针对性的规范性文件，在这些规范性文件中，除了有关社区矫正的规范性文件涉及之外，主要包括：1979年12月公安部制定的《关于管制、拘役、缓刑、假释、监外执行、监视居住的具体执行办法的通知》，1982年2月公安部制定的《监狱劳改队管教工作细则》，1982年6月公安部制定的《关于切实做好对保外就医罪犯的监督考察工作的通知》，1990年12月31日最高人民检察院、公安部、司法部联合印发的《罪犯保外就医执行办法》以及其所附的《罪犯保外就医疾病伤残范围》，2000年10月16日司法部监狱管理局制发的《关于进一步加强对罪犯暂予监外执行工作管理的通知》，2009年6月25日中央社会治安综合治理委员会办公室、最高人民法院、最高人民检察院、公安部、司法部联合印发的《关于加强和规范监外执行工作的意见》等。以上的法律和规范性文件对我国保外就医制度的发展和完善起到了非常重要的作用。但是，通过实践中运行的情况看，在这些制度设计中还存在着许多需要完善的地方，以至于实践中出现大量的徇私枉法、弄虚作假从而使犯罪分子逍遥法外，严重损害司法公信力、破坏法治的现象。

针对保外就医在现实中的乱象，在中央加大反腐力度、全面推进依法治国的总体要求下，不仅于2012年修改了《刑事诉讼法》从而进一步完善保外就医制度，而且还制定了具有划时代意义的几个规范性文件，即2014年1月中央政法委下发的《关于严格规范减刑、假释、暂予监外执行切实防止司法腐败的意见》，2014年12月1日起施行，司法部会同最高人民法院、最高人民检察院、公安部、国家卫生计生委联合发布的《暂予监外执行规定》以及所附的《保外就医严重疾病范围》，同时废止了1990年的《罪犯保外就医执行办法》及其所附的《罪犯保外就医疾病伤残范围》等。这不仅进一步完善了我国的保外就医制度，而且严厉地打击了保外就医运行中的司法腐败，其后甚至出现了一批被保外就医的犯罪人主动要求回监狱执行的“回笼”现象。

不过，由于保外就医的复杂性，在理论上和实践中仍然存在着一些需要进一步探讨的问题。

二、保外就医的对象范围

保外就医的对象，根据《暂予监外执行规定》的规定是对被判处有期徒刑、拘役或者已经减为有期徒刑的罪犯，并“患有属于本规定所附《保外就医严重疾病范围》的严重疾病，需要保外就医的”。这是对保外就医对象范围的积极的总体性规定，另外，还对保外就医对象范围进行了消极的禁止和从严限制性规定，即对需要保外就医或者生活不能自理，但适用暂予监外执行可能有社会危险性，或者自伤自残，或者不配合治疗的罪犯，以及对患有高血压、糖尿病、心脏病等严重疾病，但经诊断短期内没有生命危险的，不得保外就医。对职务犯罪、破坏金融管理秩序和金融诈骗犯罪、组织（领导、参加、包庇、纵容）黑社会性质组织犯罪的罪犯，以及对于在保外就医期间因违法违规被收监执行或者因重新犯罪被判刑的罪犯，适用保外就医应当从严审批。对需要保外就医或者属于生活不能自理的累犯以及故意杀人、强奸、抢劫、绑架、防火、爆炸、投放危险物质或者有组织的暴力性犯罪的罪犯，原被判处死刑缓期 2 年执行或者无期徒刑的，应当在减为有期徒刑后执行有期徒刑 7 年以上方可适用暂予监外执行；原被判处 10 年以上有期徒刑的，应当执行原判刑期三分之一以上方可适用保外就医。对于未成年罪犯、65 周岁以上的罪犯、残疾人罪犯可以依此适度从宽，对患有《保外就医严重疾病范围》的严重疾病且短期内有生命危险的罪犯，可不受此限制。

对于我国现有保外就医对象范围的规定，有人提出应当予以扩大，基于人道主义的考虑，应当将被判处死刑缓期 2 年执行和无期徒刑的罪犯纳入保外就医对象的范围，① 认为对于那些疾病缠身、随时都有死亡可能性的罪犯，如不进行保外就医，就可能随时出问题，如是，既有违人道主义精神，也增

① 屈新、何显兵：《论监外执行制度的改革与完善》，载《人民司法》2004 年第 4 期。

加了行刑成本。[①] 还有人提出，将75周岁以上认罪认罚的年老罪犯以及有法定抚养、赡养义务的罪犯也纳入保外就医的范围。[②] 当然这些建议都有一定的道理，但笔者认为，保外就医制度设置的出发点主要是对患有严重疾病的罪犯予以人道主义的救济，而非其他方面的人道主义救济，更非保外就医制度所能承受。所以，被判处死刑缓期2年执行和无期徒刑的罪犯纳入保外就医的对象范围相对来说比较合理（而并非像目前这样减为有期徒刑后才可适用保外就医），也符合保外就医的本源目的，且被判处无期徒刑的怀孕或者正在哺乳自己婴儿的妇女可以暂予监外执行（她们不可能被判处死刑缓期2年执行），被判处死刑缓期2年执行和无期徒刑患有严重疾病的罪犯能够获得保外就医也应当允许。也就是说，保外就医应当针对所有被判处无论长期还是短期监禁的罪犯。至于75周岁以上认罪认罚的年老罪犯和有法定抚养、赡养义务的罪犯也纳入保外就医的范围，不符合保外就医制度设置时的本源目的，即使要予以人道主义的关怀也应通过其他渠道进行，否则将使保外就医的边界变得模糊，未来类似的需要人道主义关怀的各种情形很可能使保外就医制度变成人道主义的筐，进而使自己失去独立存在的品格。

至于现有的“对患有高血压、糖尿病、心脏病等严重疾病，但经诊断短期内没有生命危险的，不得保外就医”的规定，笔者认为也不甚合理。高血压、糖尿病、心脏病等严重疾病在《保外就医严重疾病范围》里都有相关的规定，显然上述规定也是建立在这三类严重疾病已经符合《保外就医严重疾病范围》的基础上，《暂予监外执行规定》中再做这样的规定，其目的显然是进行相应的限制性适用，也就是说，这三类严重疾病只有经诊断在短期内有生命危险的才能获得保外就医，若其他类属于《保外就医严重疾病范围》中的严重疾病，不受此影响。但为什么只局限于对这三类严重疾病作限制性适用的规定？也许考虑到这三类疾病具有高发、常发等特点，需要予以特别规定，给实践中的实行带来便利。但毕竟从法治理论来说有失公允，且这样的规定也多少遮蔽了一些保外就医制度的人性光辉。

---

① 王公义：《〈刑事诉讼法〉再修改中关于刑罚执行制度的若干问题》，载《中国司法》2011年第3期。

② 许芷浩：《暂予监外执行的实证研究》，载《江西警察学院学报》2017年第6期。

三、保外就医的医学鉴定

保外就医不仅是一个规范判断问题，而且还是一个科学技术判断问题。对于规范判断和技术判断紧密结合且规范判断需建立在技术判断基础之上的保外就医的判断来说，将这样不同主体的判断予以对接就成为保外就医适用时客观、公正的重要环节。我国《刑事诉讼法》第254条第4款规定："对罪犯确有严重疾病，必须保外就医的，由省级人民政府指定的医院诊断并开具证明文件。"①《暂予监外执行规定》第9条第1款也规定："对罪犯的病情诊断或者妊娠检查，应当委托省级人民政府指定的医院进行。医院出具的病情诊断或者检查证明文件，应当由两名具有副高以上专业技术职称的医师共同作出，经主管业务院长审核签名，加盖公章，并附化验单、影像学资料和病历等有关医疗文书复印件。"在这里，病情诊断由医院的医师进行，其只能从医学的角度予以出具含有医学术语的病情客观描述和相关专业性非常强的检查资料，而不具有医学专业知识的保外就医决定机关以此为据寻求作出判断的规范依据，实在是强人所难。正如有人举例所说的，有些疾病认定是否符合保外就医的疾病范围较容易，但还要结合病情的严重程度时作为非专业的决定机关就非常困难。像胶原性疾病造成脏器功能障碍，治疗无效者才具有保外就医的资格，而医院的诊断证明只会标明所患胶原性疾病名称，一般不会标明治疗是否有效，这样法官判断起来就会相对困难。② 对于这种规范与技术的对接，有人提出通过召开听证会的方式或者指定专门的鉴定机构予以解决。听证会可以召集检察机关、监管场所、医疗专家以及被害人、社区矫正机构、罪犯居住社区代表等相关部门和人员。在听证会后，决定机关再根据

---

① 之前的《刑事诉讼法》只规定"由省级人民政府指定的医院开具证明文件"，并无"诊断"的要求，从而导致实践中只提供在指定的医院门诊开具的疾病属于真实的证明文件就可以办理保外就医的情况，由于这样的证明相对比较容易，因此漏洞很大。而现行《刑事诉讼法》加上"诊断"的要求，尤其是《暂予监外执行规定》作出更严格详细的规定，使保外就医在该环节得到了较好的规制。

② 崔杨、谭劲松、陈丹：《关于审理暂予监外执行案件的调研报告》，载《人民司法》2014年第15期。

查明的事实、证据和法律规定，作出是否保外就医的决定。至于专门的鉴定机构可以由公检法司等相关部门各自派出专业的司法鉴定人员组成，经共同评估后出具专业意见，作为是否决定保外就医的依据。[①] 笔者认为，这两种方式都较为合理，但相比较而言通过召开听证会的方式更为可取。因为参加听证会的人员数量和代表的部门更为广泛，而且能够涉及除了医学专业之外的更多的专业领域和更多主体的利益取向，因而做出的结论也会更加客观公正。

保外就医在作出决定时所进行病情诊断的医师的资质、最低人数，《暂予监外执行规定》都进行了明确规定，还同时规定，对于进行病情诊断的医师或其他人员若与罪犯有亲属关系或者其他利害关系的应当回避。不过，其对医院的要求并没有规定，而且《刑事诉讼法》同样也只是规定保外就医的鉴定由省级人民政府指定的医院。[②] 虽然一般来说省级人民政府指定的医院等级不会太低，但这样法律上毕竟没有医院最低等级的规定，而是依赖于省级人民政府，为地方上的操作留下了较大的空间。因此，笔者认为，应当将医院的最低等级同时规定于法律中。当然，目前关于决定保外就医时的病情诊断的规定相对于过去来说要完善得多，但对于复查的要求仍然还是比较笼统。《暂予监外执行规定》第 21 条规定："社区矫正机构应当及时掌握暂予监外执行罪犯的身体状况以及疾病治疗等情况，每三个月审查保外就医罪犯的病情复查情况，并根据需要向批准、决定机关或者有关监狱、看守所反馈情况。"《社区矫正实施办法》第 11 条第 2 款也规定："保外就医的社区矫正人员还应当每个月向司法所报告本人身体情况，每三个月向司法所提交病情复查情况。"据此可知，目前对于保外就医复查中医院的等级、医生的资质等各方面皆无明确要求。不过，有些地方上的规范性文件中对此有一定的规定。比如，天津市要求在"市司法行政机关指定医院进行复查"；吉林省规定对于保外就医的服刑人员，"司法所应当定期与其治疗医院沟通联系，及时掌握其身体状况及疾病治疗、复查结果等情况"，也就是说，复查由治疗医院进行。的确，

---

① 祝黎明、许亚敏：《暂予监外执行制度的不足与完善》，载《中国检察官》2016 年第 10 期。

② 现在已经废止的 1990 年的《罪犯保外就医执行办法》中的规定是："保外就医的疾病鉴定由监狱、劳改队、少管所医院进行，未设医院的，可送劳改局中心医院或就近的县级以上医院检查鉴定。"这种低级别医院甚至监狱内部医院即可出具保外就医的证明文件的设置给实践中非法运作提供了较大的便利。

从现状来看，对于复查的医学鉴定要求存在着两难的困境。要求过低，出具不真实或不明确的证明材料的成本低，可能性增大。比如，有的复查证明仅凭病人口述，医生就下结论；有的需要观察，因时间条件等诸多因素限制，没有观察就下结论；有的诊断病历写得很简单，或根本没有注明什么病情或什么程度的病情。① 而要求过高，服刑人员复查的成本也会增高，其抵触情绪也会加大。比如，要求每3个月就要向司法所提交病情复查情况，且需县级以上医院出具证明材料，而有的服刑人员离医院较远，有的需要陪同，有的行动不便需要打车，这些对他们及家庭来说都是经济负担，所以，有些人去了几趟医院后，就不再去了。② 所以，对于复查的医学鉴定问题，还需要进一步的实践和研究。不过，目前最好也只能是采取各地根据本地的经济、地理等实际情况灵活掌握。

关于鉴定人员出具虚假鉴定的法律责任问题，一直都存在着较大的争议。毋庸置疑，应当追究出具虚假鉴定的鉴定人的责任，这是得到普遍认同的观点。正如有人所说的："不追究虚假保外就医鉴定的鉴定人责任，实际上是放纵了鉴定人实施虚假鉴定的行为，助长了这种不良风气，客观上起到了'保外就医鉴定无责任'的导向作用，将可能导致保外就医鉴定工作丧失应有的客观性，为违法保外就医的行为打开方便之门，由此引发社会公众对法律执行工作的信任危机。"③ 那么，现在争议的问题主要是应当追究鉴定人什么性质的责任以及如何追究的问题呢？目前普遍的观点认为，应当对保外就医鉴定人的行政责任和刑事责任予以完善。比如，有人认为，我国《执业医师法》第23、27、37条对执业医师伪造医学资料或收受贿赂等行为规定了行政责任，但这种行政责任过于笼统并不明确，缺乏对具体不当行为的针对性。如伪造保外就医医学鉴定的执业医师应根据其行为危害的轻重承担何种行政责任？没有参与伪造保外就医鉴定的其他医生不负责人的签字认可是否应承担相应的行政责任？这些皆难以找到规范根据。因此，我国应当出台相关的行

---

① 陈文峰：《保外就医制度完善研究》，载《犯罪与改造研究》2017年第8期。

② 陈文峰：《保外就医制度完善研究》，载《犯罪与改造研究》2017年第8期。

③ 蔡文霞：《论虚假保外就医鉴定中的鉴定人法律责任——以"林崇中、刘益民违法保外就医案"为视角》，载《中国司法鉴定》2012年第5期。

政法规，针对保外就医医学鉴定过程中的程序和鉴定医师资格以及违规行为的行政责任等问题做出明确而具体的规定。如根据行为的情节轻重，给予取消鉴定资格、警告、暂停执业、取消执业资格等行政处罚。参与保外就医鉴定的医生，不管是伪造保外就医鉴定还是不负责任地认可伪造的保外就医鉴定都应承担相应的行政责任。① 的确，现行的《执业医师法》第23条所禁止的行为中只提及“隐匿”“伪造”“销毁”，故难以涵盖像保外就医鉴定时出具虚假鉴定的情形，这也是目前难以追究保外就医鉴定的鉴定人行政责任主要原因。不过，笔者认为，即使如此也没必要单独出台针对保外就医鉴定工作的行政法规，否则会增加立法成本。为解决此问题，对现有的《执业医师法》的相关条文进行修改即可。具体而言，可将第23条可修改为“医师实施医疗、预防、保健措施，签署有关医学证明文件，必须亲自诊查、调查，并按照规定及时填写医学文书，不得隐匿、伪造、销毁或者出具虚假的医学文书及有关资料。医师不得出具与自己执业范围无关或者与执业类别不相符的医学证明文件”。同样，第37条第5项的“隐匿、伪造或者擅自销毁医学文书及有关资料的”可以修改为“隐匿、伪造、擅自销毁或者出具虚假的医学文书及有关资料的”。

同样，对于保外就医鉴定的鉴定人如何追究刑事责任？根据现行《刑法》的规定，对于保外就医鉴定中出具虚假鉴定的医师还找不到对应的罪名，若根据罪刑法定原则就是不构成犯罪。因为根据《刑法》第401条的规定：“司法工作人员徇私舞弊，对不符合减刑、假释、暂予监外执行条件的罪犯，予以减刑、假释或者暂予监外执行的，处三年以下有期徒刑或者拘役；情节严重的，处三年以上七年以下有期徒刑。”构成该罪的主体必须是司法工作人员，故出具虚假鉴定的医师不是适格主体，至多能构成该罪的共犯。再来看看《刑法》第305条对伪证罪的规定：“在刑事诉讼中，证人、鉴定人、记录人、翻译人对与案件有重要关系的情节，故意作虚假证明、鉴定、记录、翻译，意图陷害他人或者隐匿罪证的，处三年以下有期徒刑或者拘役；情节严重的，处三年以上七年以下有期徒刑。”但根据《刑事诉讼法》的规定，医院

① 蔡文霞：《论虚假保外就医鉴定中的鉴定人法律责任——以“林崇中、刘益民违法保外就医案”为视角》，载《中国司法鉴定》2012年第5期。

出具的保外就医鉴定是"证明文件"，并非实质意义上的司法鉴定，也就不具有司法鉴定书的性质，且保外就医鉴定的医院及医师也不是实质意义上的鉴定机构及鉴定人，因此，也就不能适用《刑法》中伪证罪的规定。① 另外，《刑法》第307条规定的帮助毁灭、伪造证据罪②、第310条规定的窝藏、包庇罪以及第417条规定的帮助犯罪分子逃避处罚罪等都无法适用到保外就医鉴定人出具虚假鉴定的情形中。于是，为了能对保外就医鉴定中的鉴定人实施刑事惩处，有人提出，可以扩大《刑法》第401条徇私舞弊减刑、假释、暂予监外执行罪的主体范围，将不具备司法工作人员身份的保外就医鉴定人纳入徇私舞弊暂予监外执行罪的主体范围。③ 也有人提出，将保外就医鉴定纳入司法鉴定管理体制范畴，保外就医鉴定中的鉴定人就同其他司法鉴定人一样，在享有鉴定权的同时需承担相关法律责任。那么，此时保外就医鉴定人弄虚作假，就可根据《刑法》第305条规定的伪证罪追究其刑事责任。④ 以上两种方案，一个是修改法律，另一个是变动现有的保外就医鉴定制度，相比较来看，笔者认为，变动现有的保外就医鉴定制度较为理想。因为这样既无须修改《刑法》从而保持法律的稳定性，避免刑法肥大症和有违谦抑性的质疑，又能够使保外就医鉴定制度走向正规化、专业化、法治化的道路。

四、保外就医的保证制度

保外就医的保证制度在我国早已有之，只是执行的效果一直不好。比如，现已废止的1990年的《罪犯保外就医执行办法》第7、10、14条规定了保证

① 朱长波、朱长聪、邹陈华：《将保外就医鉴定纳入司法鉴定登记管理》，载《中国司法鉴定》2009年第5期。

② 该条第2、3款为："帮助当事人毁灭、伪造证据，情节严重的，处三年以下有期徒刑或者拘役。""司法工作人员犯前两款罪的，从重处罚。"该罪虽然任何主体都可构成，但根据《刑事诉讼法》第106条的规定，"当事人"是指被害人、自诉人、犯罪嫌疑人、被告人、附带民事诉讼的原告人和被告人，而正在服刑的罪犯不属于当事人。

③ 蔡文霞：《论虚假保外就医鉴定中的鉴定人法律责任——以"林崇中、刘益民违法保外就医案"为视角》，载《中国司法鉴定》2012年第5期。

④ 朱长波、朱长聪、邹陈华：《将保外就医鉴定纳入司法鉴定登记管理》，载《中国司法鉴定》2009年第5期。

人（取保人、具保人）的条件和义务，但规定的过于笼统，缺乏相应责任要求。第7条规定，取保人应当具备管束和教育保外就医罪犯的能力，并有一定的经济条件。这里的“管束和教育能力”和“一定的经济条件”缺乏量化衡量标准。第10条规定，取保人应将保外就医罪犯领回到公安机关报到，如果保外就医罪犯在规定的时间内没有报到的，由劳改（监狱）机关负责寻找。显然，法律规定了取保人“领回”的义务，却没有规定相应的责任。第14条规定，劳改（监狱）机关每年应派民警或者发函对保外就医罪犯进行一次全面考察，派出民警考察时应与取保人见面了解相关情况。由于对考察方式做了选择性规定，现实中都是以发函的形式进行考察，从而进一步淡化了取保人的协助监管义务。正是存在着这些缺陷，现实中保证制度基本上流于形式，加之公安机关日常监管乏力，保外就医罪犯常常处于失控状态。① 于是，2014年的《暂予监外执行规定》对保外就医的保证制度进行了修改。其中第10条规定：“罪犯需要保外就医的，应当由罪犯本人或者其亲属、监护人提出保证人，保证人由监狱、看守所审查确定。罪犯没有亲属、监护人的，可以由其居住地的村（居）民委员会、原所在单位或者社区矫正机构推荐保证人。保证人应当向监狱、看守所提交保证书。”第11条规定：“保证人应当同时具备下列条件：（一）具有完全民事行为能力，愿意承担保证人义务；（二）人身自由未受到限制；（三）有固定的住处和收入；（四）能够与被保证人共同居住或者居住在同一市、县。”第12条规定：“罪犯在暂予监外执行期间，保证人应当履行下列义务：（一）协助社区矫正机构监督被保证人遵守法律和有关规定；（二）发现被保证人擅自离开居住的市、县或者变更居住地，或者有违法犯罪行为，或者需要保外就医情形消失，或者被保证人死亡的，立即向社区矫正机构报告；（三）为被保证人的治疗、护理、复查以及正常生活提供帮助；（四）督促和协助被保证人按照规定履行定期复查病情和向社区矫正机构报告的义务。”并且，《社区矫正实施办法》将“保证人丧失保证条件或者因不履行义务被取消保证人资格，又不能在规定期限内提出新的保证人的”作为保外就医的服刑人员收监执行的条件之一。

---

① 贾晓文：《关于完善〈监狱法〉暂予监外执行规定问题研究》，载《犯罪与改造研究》2015年第1期。

虽然现行的保外就医中的保证制度较之于以前的规定要完善了许多，但依然存在着一些争议问题，甚至并没有因新规定而得到改观。其中，学术界和实务部门探讨最多的就是保证人的法律责任问题。在《暂予监外执行规定》出台之前，没有保证人法律责任的规定，现在仍然没有规定。很多人都认为，现实中保证人只保不管、只保不教，以至于保外就医之后被保证人成为无人管教的自由人，从而使得保证制度形同虚设，根本起不到任何作用，也严重损害了法律的权威，妨害了司法的公正，造成这种现象最主要的原因就是没有对保证人的法律责任予以规定。于是，有人建议，应当对未履行保证义务的保证人追究担保责任做出规定，同时，建立保外就医保证金制度，即取保人在取保时应缴纳取保金，取保金数额可根据保外就医罪犯剩余刑期的长短确定，但要限定最高数额。① 还有人建议区分3种情况明确保证人的责任：对仅怠于向执行机关报告罪犯日常情况的给予批评教育；对罪犯在暂予监外执行过程中进行违反监管规定的重大活动隐瞒不报的保证人，在对其进行批评教育的同时通知其单位；对串通或者为罪犯提供便利，帮助其骗取保外就医的，以窝藏、包庇罪或徇私舞弊暂予监外执行罪追究刑事责任。② 对于以上建议，将现行的保外就医中人保之外增加财保，是社会文明程度逐步提高的过程中较好的一种设想。因为现实中有些符合法律规定的保证人条件的但未必有精力去履行保证义务，如经商需要经常出差或者为了自己的事业而无暇顾及等，这时罪犯本人或保证人缴纳一定的金钱作为保证金，既能够使罪犯达到保外就医的要求又能够减小对保证人的影响。至于对保证人不履行或不完全履行保证义务对其进行批评教育等方式的制约措施也是可取的，但是对其赋予刑事责任的后果不可取，除非按照现行法律已经构成犯罪的，否则这种严厉的后果也就是增强了他的责任将使一些符合保证人条件的人不愿意承保，毕竟这不是他作为一位守法公民必须应尽的义务，本来这种额外的负担是建立在亲情等亲密关系基础之上的，在遇到如此强硬冰冷的法律时也会不堪一击。

---

① 王林平：《关于罪犯保外就医工作的实践与探讨》，载《中国司法》2012年第4期。

② 陈文峰：《保外就医制度完善研究》，载《犯罪与改造研究》2017年第8期。

五、保外就医的检察监督

检察院对保外就医进行监督中的事后监督一直以来受到人们的诟病，于是自2012年修订的《刑事诉讼法》以来，将检察院的事后监督变成了事中监督。《刑事诉讼法》第255条规定：“监狱、看守所提出暂予监外执行的书面意见的，应当将书面意见的副本抄送人民检察院。人民检察院可以向决定或者批准机关提出书面意见。”第256条规定：“决定或者批准暂予监外执行的机关应当将暂予监外执行决定抄送人民检察院。人民检察院认为暂予监外执行不当的，应当自接到通知之日起一个月以内将书面意见送交决定或者批准暂予监外执行的机关，决定或者批准暂予监外执行的机关接到人民检察院的书面意见后，应当立即对该决定进行重新核查。”同样，《暂予监外执行规定》也有相关规定，如监狱、看守所拟提请保外就医的，“监狱、看守所应当向人民检察院通报有关情况。人民检察院可以派员监督有关诊断、检查和鉴别活动”。“监狱、看守所审议暂予监外执行前，应当将相关材料抄送人民检察院。决定提请暂予监外执行的，监狱、看守所应当将提请暂予监外执行书面意见的副本和相关材料抄送人民检察院。人民检察院可以向决定或者批准暂予监外执行的机关提出书面意见。”但是，至今仍然没有改变检察机关监督不力的现状，这主要体现在监督手段还是一直沿用的检察建议和纠正违法通知书。正如有人所说的，检察机关提出的“纠正意见”仅仅就是“意见”而已，对审批机关来说没有太大的约束力。如果审批机关依然坚持错误，不予改正的话，则没有什么法律途径可以解决，检察机关此时也确实无能为力，只能再次发出“纠正意见”罢了。若审批机关对检察机关的纠正意见置之不理，检察机关也无可奈何。[①] 正因为检察机关在实践中无论提出的是口头纠正意见还是书面纠正意见，其是否被采纳完全取决于被监督机关的意愿，以至于检察机关实施法律监督这一严肃的法律行为被笑称为“纠正违法劝告书”。[②] 为此，有学者建议，我们应该完善立法，赋予检察建议和纠正违法通知书的法

① 林睦翔：《暂予监外执行的立法缺陷》，载《韶关学院学报（社会科学版）》2006年第7期。

② 李忠诚：《刑事执行监督功能探讨》，载《人民检察》2003年第2期。

律效力。具体而言，应该在《刑事诉讼法》的总则中对此加以明确规定，以保证监督手段在整个刑事诉讼阶段都具有效力。从刑罚执行监督的角度来讲，即人民检察院在提出违法纠正意见后，相关的刑罚执行机关必须在法律规定的期限内进行改正，并将执行情况通知检察机关；执行机关不同意纠正违法意见的，应当在法定时间内申请复议、复核；如果没有申请复议、复核视为认可其合理性，应当依法予以纠正，否则就是违法，将承担不执行监督意见的不利后果。① 当然，对于保外就医中的法律监督理所当然地也是如此执行，从而使得检察机关在保外就医的诊断、初审、审批、决定和批准乃至于执行的各阶段的监督变得更加有力，使目前这种只有法律外表而没有法律实质的“劝告书”真正地成为具有法律效力的“法律文书”。

另外，检察机关在监督过程中信息的流通是否通畅具有关键的作用，这不仅是问题的发现还是及时纠正以至于最大效率地实施法律监督的重要保障。尤其是在当今信息化时代，信息技术的运用在法律监督中已不可或缺。为此，有人较早就提出建议：一是以省为单位，建立罪犯保外就医执行情况数据库，利用检察系统的专线网实现信息共享；二是检察机关上下级之间加强对保外就医执行的信息反馈工作。② 因此，不仅要在检察机关内部实施信息无梗阻，而且要通过局部联网嫁接检察机关与法院、监狱、看守所、社区矫正机构之间的信息通道，使检察机关对保外就医的各环节实行无缝隙、无死角的监督。

六、保外就医的执行制度

暂予监外执行（含保外就医）的执行在2012年的《刑事诉讼法》中将原“由居住地公安机关执行”变更为“由社区矫正机构负责执行”并“依法实行社区矫正”。这是我国大力推进社区矫正制度背景下的应景修改，同时也丰富了我国非监禁刑罚的执行制度。之后的《暂予监外执行规定》第21条规定：“社区矫正机构应当及时掌握暂予监外执行罪犯的身体状况以及疾病治疗

① 单民：《刑罚执行监督中的问题和对策》，载《政治与法律》2012年第11期。

② 王吉霞、苏世利：《罪犯保外就医中存在的问题与检察监督之强化》，载《人民检察》2007年第4期。

等情况，每三个月审查保外就医罪犯的病情复查情况，并根据需要向批准、决定机关或者有关监狱、看守所反馈情况。”不过，笔者认为，保外就医的罪犯没必要纳入社区矫正的范围，[①] 这已于第二专题“社区矫正对象的范围”中阐述，在此不再赘述。

一般情况下，暂予监外执行（含保外就医）时间是可以计入执行刑期的，但是出现特殊情况时，暂予监外执行时间不能计入执行刑期。《暂予监外执行规定》第26条第1、2款规定：“被收监执行的罪犯有法律规定的不计入执行刑期情形的，社区矫正机构应当在收监执行建议书中说明情况，并附有关证明材料。批准机关进行审核后，应当及时通知监狱、看守所向所在地的中级人民法院提出不计入执行刑期的建议书。人民法院应当自收到建议书之日起一个月以内依法对罪犯的刑期重新计算作出裁定。”“人民法院决定暂予监外执行的，在决定收监执行的同时应当确定不计入刑期的期间。”其中，所谓“不计入执行刑期情形”是指我国《刑事诉讼法》第257条第3款的规定：“不符合暂予监外执行条件的罪犯通过贿赂等非法手段被暂予监外执行的，在监外执行的期间不计入执行刑期。罪犯在暂予监外执行期间脱逃的，脱逃的期间不计入执行刑期。”正是由于暂予监外执行（含保外就医）时间在一般情况下是可以计入执行刑期，故而这也成为暂予监外执行（含保外就医）实行过程中产生权钱交易等司法腐败的制度空间，也成为罪犯不惜一切代价予以追求的利益空间。于是，有学者们建议借鉴国外的立法例将我国的暂予监外执行制度改为暂停执行制度（也有人称为暂缓执行制度、中止执行制度、推迟执行制度），即“指出于人道主义的考虑，对于出现了法定的暂时执行不能的情形，如罪犯怀孕、哺乳、严重疾病和在监内继续执行刑罚有违基本的人道等特殊原因，使应在监狱执行的刑罚暂时无法继续执行，因而对其在一定期间内停止刑罚执行，等执行不能的情形消失后继续执行的一种执行方法”。[②] “当监外度过的时间长短之结果都不影响到监狱服刑期限时，权力寻

① 这里只是笔者的看法，为了叙述上和已有探讨之间的方便，在本书其他地方仍然尊重现存的客观事实。

② 张传伟：《暂予监外执行的本质：功利人道与公正人道的统一——兼论我国暂予监外执行制度的完善》，载《政法论丛》2008年第4期。

租的交换价值必将失去重要筹码，罪犯及其家属挖空心思去作虚假鉴定或贿赂管理人员的动力则会减弱。”① 也就是说，暂予监外执行的期间都不计入执行刑期，从而消除司法腐败和罪犯经营的利益空间。不过，对此有学者认为现有制度是合理的，其理由为：一是刑罚执行不仅要追求公正，同时应当考虑到宽容和怜悯。人道主义要求我们同情我们的同类，罪犯不仅应当遭到憎恨，更应被给予同情。罪刑相当不是绝对的罪刑等值，而应当容忍宽容和怜悯。被暂予监外执行的罪犯都是身患重病、伤残、年老的人或者怀孕、哺乳的妇女，对他们的同情或许会对罪刑相当造成破坏，然而却使宽容和怜悯的人性光辉照亮了监狱这个行刑机构。二是监外执行不会对刑罚目的造成破坏。刑罚的目的包括实现报应公正、威慑、隔离和矫正。由于监外执行的适用条件非常严格，适用人数少，而且人道主义的行刑方式本身也可以促进犯罪人的矫正。受刑人不会因为身患重症可以暂予监外执行，就再次选择犯罪道路。三是监外执行适用过程中出现的一些腐败现象不是否定监外执行的理由，而只能成为改进监外执行适用程序的理由。不能渴望这个世界完全没有犯罪，不能渴望任何制度都会完美无瑕，只要坚持在透明、公正的前提下改革和完善暂予监外执行的适用程序，暂予监外执行完全可能大放异彩，展现人性的伟大光辉。② 笔者对此表示赞同。保外就医者都是身患严重疾病者，这本身对其来说就是一种“灾难”，或者说是一种人生的“不幸”，保外就医制度设置的目的主要也是对此注入人道主义的光辉。而罪犯在既没有主动制造这种“不幸”又没有逃避监禁惩罚的行为时，就应该将这种人道主义的光辉继续普照在其羸弱的身体上。当然，有人可能会说，让其处于非监禁状态就是人道主义的体现，没必要再来抵消刑期。不过，笔者认为，如此是不完整的人道，而且也不公平。因为这样会使罪犯产生始终要回监禁执行刑罚的心理负担，使得对其执行刑罚的心理“惩罚”比直接执行监禁刑罚要长，而且这还是其无能为力改变的客观事实，若保外就医期间不抵消刑期，就使得其身患严重疾病的不幸之上又增加了一个不幸。所以，保外就医期间不抵消刑期的人道是不完整的人道，反而会导致不公平的结果。至于保外就医制度的实际运行

① 蔡国芹、赵增田：《暂予监外执行制度的现实困境及其出路》，载《法治论丛》2011 年第 3 期。
② 韩玉胜、张绍彦等：《刑事执行法学研究》，中国人民大学出版社 2007 年版，第 314 页。

中产生的制假、权力寻租等各种违法犯罪行为，可通过其他各项制度和法律的完善来予以制约，而不应将所有美好的愿望都寄托于文明理性且闪耀人性光辉的保外就医制度。

第八专题　女性社区矫正对象的矫治

女性服刑人员与男性服刑人员相比，在身心方面都具有一定的差异，故而对她们的矫治也应有所区别，这也符合刑罚执行中的个别化原则。“尽管近年来，我国在保障妇女权益方面做了大量工作，女性地位有了很大提高，然而，不断增多的女性犯罪给社会带来新的不安定因素，成为不容忽视的社会问题。”① 因此，对这类特殊犯罪群体的矫治也日益引起人们的广泛关注。

一、女性犯罪概况

女性犯罪长期以来并没有引起人们的足够重视，其主要原因除了具有女性自身的自然特性相对于男性而言而不易于导致犯罪之外，还有就是女性在社会发展的历史上往往处于被动和弱势的地位，甚至出现缺乏独立的人格而处于男性附属物的历史阶段。但是，随着社会的进步发展，女性的社会地位逐步提高，参与社会生活的范围越来越广，经济、尊严等自我的利益需求和权利保护的意欲也更加强烈，从而促使其犯罪的内在与外在因素也日益复杂。在当今社会女性犯罪的比例总体上趋于上升之势，这已得到国内外学者实证研究的证实。不过，女性犯罪相较于男性犯罪还是有其一些自身特征。比如，康树华教授曾将我国女性犯罪的特征归结为：第一，作案方式和手段上的攻击性、暴力性、灵敏性差；第二，具有发泄某种愤懑情绪的报复性；第三，大多具有恶逆变倾向，即先是受害人，后转为加害人；第四，具有欺骗性和

① 艾晶：《女犯社区矫治的可能性研究——基于辽宁省的实证考察》，中国社会科学出版社2014年版，第1页。

贪婪性；第五，日益以团伙的形式出现；第六，具有官能享受性；第七，由感情因素特别是母爱、情爱的扭曲而容易诱发犯罪。① 王牧教授认为："当前我国女性犯罪的基本特征如下：女性职务犯罪明显增多；女性暴力犯罪，尤其是杀人、伤害等恶性暴力犯罪明显增多；卖淫以及色情活动成为女性违法犯罪的主要类型；女性毒品犯罪增多；女性犯罪出现低龄化趋向，少女犯罪增多；以女性为成员主体或者以女性成员为黏合剂的犯罪团伙开始出现。"②当然，在我国除了犯罪学学者对女性犯罪的特征研究之外，还有一些社会学学者也对女性犯罪的特征进行了研究。比如，早在1996年社会学学者佟新通过研究认为，就总体而言，我国女性在整个刑事犯罪中所占比例仅2%～4%，大大低于国外的10%～20%比例，但其犯罪人数呈逐年上升趋势；与男性相比，女性犯罪的隐蔽性较强，并且常常有一个从受害人到罪犯的演化过程；从构成看，农民职业者所占比例较大，犯罪年龄呈多样化结构且有低龄化的趋势；从犯罪形式看，团伙犯罪的比男性少，但日益增多和严重；从犯罪结构看，女性犯罪以重婚罪居首位，盗窃罪居第二位，而拐卖人口罪有逐年增加的趋势。③ 虽然不同学者对女性犯罪的特征描述存在一定的差异，但女性犯罪具有增长之势、主要是非暴力性犯罪、财产、诈骗、性犯罪以及由被害人转化为加害人的转化型犯罪等几个方面还是得到多数认可且具有一定的普遍性。

至于女性犯罪的原因，国内外学者从不同的角度对此都有过研究和解释，主要分为以下几个方面：第一，生理原因。由于女性特殊的生理结构（身体内部的卵巢、输卵管、子宫和身体外部的阴道、阴蒂、阴唇等特征）和性激素的作用使得女性具有一些独特的生理机能和生理反应，比如月经周期、怀孕、哺乳等，这些也可以说是男性和女性之间仅有的绝对差异。而女性在特有的生理周期往往会出现一些反常的心理变化和行为表现。多尔顿曾在1964年就指出，妇女实施的暴力犯罪行为和自杀行为多发生在经前的4天内和经

① 康树华：《中外女性犯罪的现状与特点研究》，载《南都学坛（人文社会科学学报）》2005年第3期。

② 王牧：《新犯罪学（第二版）》，高等教育出版社2011年版，第242页。

③ 佟新：《女性违法犯罪解析》，重庆出版社1996年版，第10～32页。

期的4天中，此阶段中，妇女往往表现为忧郁、焦虑不安、烦躁易怒以及自信心降低，这也称为经前综合征，此时易于引发犯罪。① 第二，心理原因。女性与男性相比在心理上一般表现为情感较为丰富、情绪稳定性较差、虚荣心较强等，从而使女性犯罪在犯罪的方式、手段以及产生犯罪的心理上常常具有有别于男性的特征。如日本学者松本良枝甚至指出，女性犯罪是由其心理特征引起的，即女性的欺骗性和虚荣心导致了犯罪行为。因为女性在体力上比男性虚弱，为了满足自己的欺骗性和虚荣心，往往使用诈骗或盗窃这一类较为合适的犯罪形式。② 第三，社会原因。女性犯罪的社会原因具有多方面性，从不同的角度会有不同的看法，主要具有如下几个方面：从文化观念的角度来看，由于女性长期受到保守、内敛的历史、文化传统的影响，当与当下的文化观念发生冲突时，会在性别社会化、婚姻价值观念、金钱观念、性心理、性意识、社会参与意识等方面都会发生前所未有的冲突境况，从而极易通过犯罪的形式来消解这种冲突；从婚姻家庭的角度来看，女性往往承担着社会中的工作和家庭内的事物的双重负担，身心会产生疲惫、烦躁，精神上易于出现紊乱的变化，容易产生攻击性，有时还会因受到家暴而通过以暴制暴的方式使自己成为犯罪人；从社会环境的角度来看，女性在社会中获得成功的机会以及处理社会关系的能力往往相较于男性而言要低，有时是一时冲动或报复社会而走上犯罪的道路。

二、女性社区矫正对象的现状与特征

在社区矫正中，关于女性社区矫正对象的现实状况，根据有关单位或个人对所在地区的调查，总体来看，在服刑人员数量、年龄阶段、文化程度、职业特征、家庭状况以及犯罪类型等方面各地都具有大致的境况。

北京市昌平区2011年10月至2015年10月累计接受社区服刑人员784人，其中女性社区服刑人员119人，占总社区服刑人数的15.2%。从年龄结构来看，女性社区服刑人员以中青年为主；从文化程度来看，女性社区服刑

① 张旭：《犯罪学要论》，法律出版社2003年版，第359页。

② 邱国良主编：《女性违法犯罪》，群众出版社1992年版，第32~33页。

人员的受教育程度呈"纺锤状"，即具有初中以上、大专以下文化程度的女性社区服刑人员比例较大，文盲以及受过高等教育的女性社区服刑人员比例相对较低；从职业结构来看，女性社区服刑人员中无业人员所占比例最大；从家庭状况来看，女性社区服刑人员多为人母，其中有相当部分离异后子女随女方生活；从犯罪类型来看，女性社区服刑人员以财产犯罪、经济犯罪为主，不过，现在有向多元化发展的趋势，即由故意伤害、盗窃等传统犯罪类型，逐步增加了贪污受贿、渎职、集资诈骗等新的犯罪类型。①

福建省泉州市丰泽区自2006年11月启动社区矫正试点至2008年12月底，全区共接受矫正对象140名，其中男性130名、女性10名。女性社区矫正对象中主要是罪行轻微、主观恶性不大的女性服刑人员，特别是初犯、偶犯、过失犯和未成年犯。②

四川省某市某区作为四川省首批社区矫正试点县（区），自2012年7月以来（至2015年年底或2016年年初——笔者根据文章收稿日期推算）已累计接受被判处管制、宣告缓刑、暂予监外执行、裁定假释、剥夺政治权利五类社区服刑人员948人，其中女性123人，占总人数的12.97%，并呈逐年上升的发展特性。女性社区矫正对象主要是犯盗窃、职务侵占、受贿、非法经营、贩卖毒品、抢劫、故意伤害、利用邪教组织破坏法律实施等十多项罪名，而且她们的年龄以18~49周岁的中青年为主，且文化程度普遍偏低，以初中及以下文化程度为主。③

江苏省大丰市2005年至2012年累计接受女性社区服刑人员213人，其中，缓刑类女性社区服刑人员最多，共192人，占90%；中青年女性社区服刑人员较多，19岁至45岁的有178人，占83.6%；性犯罪、财产型犯罪的女性社区服刑人员较多，根据在册的35名女性社区服刑人员来看，容留、介绍卖淫犯罪13人，约占37%，盗窃抢劫、侵犯财产类犯罪8人，约占23%，聚

---

① 昌平区司法局调研组：《新形势下女性社区服刑人员社区矫正工作实践与思考》，载北京市司法局网：http://www.bjsf.gov.cn/publish/portal0/tab85/info106529.htm，访问日期：2017年11月12日。

② 纪得军：《女性罪犯社区矫正模式论》，载《中华女子学院学报》2009年第6期。

③ 禹红梅：《关于女性社区服刑人员社区矫正现状的调查与研究》，载《中共乐山市委党校学报》2016年第2期。

众斗殴、故意伤害类犯罪3人，约占9%，涉毒类犯罪3人，约占9%，另外，涉邪犯罪1人，贪污、职务侵占类犯罪1人，破坏市场经济秩序类罪2人，其他类型犯罪的共4人。①

据此，从犯罪学的视角可以看出女性社区服刑人员的总体情况与女性犯罪的总体概况大致相当。不过，在社区矫正中，社区矫正对象相对来说毕竟是社会危害性或人身危险性较低的人员，女性社区矫正对象当然也是如此。除此之外，女性由于在生理、心理、婚姻家庭以及社会因素的影响等方面也有其一定的特殊性，从而导致其在社区服刑中也表现出一些特有的特性。总之，我们可以将女性社区矫正对象在社区服刑过程中体现出来的特征归纳为以下几个方面：

第一，女性社区服刑人员的犯罪学特征与男性社区服刑人员存在一定的差异。人数远远低于男性社区服刑人员，年龄以中青年为主，文化程度普遍较低，往往处于无业的状况，所犯罪行主要是非暴力性犯罪、财产犯罪、性犯罪等。另外，与男性社区服刑人员相比，女性社区服刑人员中初犯、偶犯相对来说比例较高，在共同犯罪中也主要属于从犯。所以，女性社区服刑人员的人身危险性总体上要比男性社区服刑人员要低。

第二，女性社区服刑人员的心理压力较大，心理承受力相对来说较弱。因为女性一般比男性在情感上更加细腻，也更脆弱，情绪上就更不稳定，更容易产生焦虑。又由于她们往往自尊心、虚荣心较强，依附心理较重，这必然导致女性社区服刑人员在接受社区矫正期间往往心理压力较大、心理负担较重、抗压能力较差，而心理防线却较强，直接或间接影响矫正效果。② 这些都使她们不仅易于产生自卑消沉、自暴自弃的心理，同时也增加了矫正难度。

第三，女性特有的生理期所产生的心理和情绪变化也是有别于男性社区服刑人员的重要方面。女性特有的生理期主要是指女性的“三期”，即经期、孕期和生产哺乳期。女性在生理期往往都会产生一些心理和情绪上的变化。

① 卞元英：《浅谈做好女性社区服刑人员矫治工作》，载刘强、姜爱东主编：《社区矫正评论（第三卷）》，中国人民公安大学出版社2013年版，第112页。

② 禹红梅：《关于女性社区服刑人员社区矫正现状的调查与研究》，载《中共乐山市委党校学报》2016年第2期。

有研究表明，女性情绪状态会随着月经周期的阶段交替而起伏变化，一般在排卵期（以28天计，月经周期中的第14天左右）前后，通常表现出积极、自信和振奋的精神面貌，而经前和经后期间则表现出更多的消极情绪，主要表现在焦虑不安和易于伤感两个方面。① 对于女性社区服刑人员而言，经期是其心理和情绪变化的最常见的影响因素。

第四，婚姻家庭对女性社区服刑人员的影响不同于男性社区服刑人。有调研显示，女性社区服刑人员在犯罪服刑后办理了离婚手续或夫妻关系紧张的比例远高于男性社区服刑人员，男性社区服刑人员的妻子对丈夫的犯罪往往多持有宽容的态度。② 因此，女性社区服刑人员受到婚姻家庭的负面影响要高于男性社区服刑人员。

第五，社会因素对女性社区服刑人员的影响和男性社区服刑人员相比也存在较大的差异。由于受到历史传统文化的影响，女性在融入社会的教育、就业、收入、参与决策等各种形式中都体现出与男性的不平等性，因此，女性社区服刑人员在社会上面临的不利要多于男性社区服刑人员。其中，影响较为直接的当属求职就业和收入状况。本身她们的体能和技能就处于劣势和匮乏的状况，从而使她们的不利境况变得更加窘困。

三、女性社区矫正对象矫治中存在的问题

对于女性权利的特殊保护，不仅国内法，即使在国际性的相关文件中都有所体现。比如，联合国大会于1979年12月18日通过的《消除对妇女一切形式歧视公约》第1条规定的对妇女的歧视为“基于性别而做的任何区别，排斥或限制，其影响或其目的均足以妨碍或否认妇女的人权和基本自由”。第2条（d）要求“不采取任何歧视妇女的行为或做法，并保证公共当局和公共机构的行动都不违背这项义务”。联合国大会于1993年12月20日宣布的

---

① 魏国英主编：《女性学概论》，北京大学出版社2000年版，第48页。

② 昌平区司法局调研组：《新形势下女性社区服刑人员社区矫正工作实践与思考》，载北京市司法局网：http：//www.bjsf.gov.cn/publish/portal0/tab85/info106529.htm，访问日期：2017年11月12日。

《消除对妇女的暴力行为宣言》第1条规定的对妇女的暴力行为是“对妇女造成或可能造成身心方面或性方面的伤害或痛苦的任何基于性别的暴力行为，包括威胁进行这类行为、强迫或任意剥夺自由，而不论其发生在公共生活还是私人生活中”。第2条规定：“对妇女的暴力行为应理解为包括但并不仅限于下列各项：……（c）国家所做或纵容发生的身心方面和性方面的暴力行为，无论其在何处发生。”以上国际性文件中的对妇女的歧视行为和做法以及对妇女的暴力行为中的妇女理应都包括无论是监禁还是非监禁的女性服刑人员。当然，还有专门针对女性服刑人员的国际性文件。比如，联合国经济及社会理事会于2010年7月22日通过的《联合国关于女性囚犯待遇和女性罪犯非拘禁措施的规则》（简称《曼谷规则》），其中包括普遍适用规则，适用特殊类别的规则，非拘禁措施和研究、规划、评价以及提高公众意识四个方面，共70个规则。

作为女性的社区矫正对象正是由于有其自身的一些特殊性，在社区服刑过程中理应受到一定的特殊“关照”，如此才能遵循国际性文件中关于对女性权利特殊保护的精神，也才能真正体现和达到社区矫正的人性基础和价值追求。然而，现实中对此我们还存在缺失“特殊问题特殊对待”的制度设计和工作要求，从而凸显出对女性社区矫正对象进行矫治时的一些问题。

（一）专门针对女性社区矫正对象的规范性文件欠缺

针对监禁服刑的女性服刑人员来说，我国相关的法律给予了一定的规定，比如，我国《监狱法》第39条第1款规定：“监狱对成年男犯、女犯和未成年犯实行分开关押和管理，对未成年犯和女犯的改造，应当照顾其生理、心理特点。”第40条规定：“女犯由女性人民警察直接管理。”除此之外，《监狱狱政警戒设施建设标准》《罪犯离监探亲和特许离监规定》《监狱建设标准》以及全国女犯工作座谈会纪要等规范性文件中都对女性服刑人员在生活、管理、劳动甚至女子监狱的设置等方面都作出了一些特别规定。相比较而言，针对社区矫正中的女性服刑人员来说，给予她们特别规制的规范性文件还比较欠缺，在现有的国家层面的规定中，目前社区矫正实践中普遍适用的《社区矫正实施办法》只是在第8条中有“社区矫正人员为女性的，矫正小组应当有女性成员”的规定。然而，根据有学者所做的现实调研，“有不少女性希望在社区矫正过程中能够专门针对女性制定一些不一样的政策或采取一些不一样的措施，有的甚至明确表示希望将男性与女性分开进行矫正①。”这表明，针对女性生理、心理、婚姻家庭及社会关系等方面的特殊性而予以有别于男性服刑人员进行矫正的制度供给与现实中的需求相比存在一定的滞后性。

（二）针对女性社区矫正对象的女性专业人员匮乏

有调研显示，在实践中，由于人员编制限制的原因，基层社区矫正机构在对女性社区服刑人员进行接收（解矫）宣告、佩戴电子监管设备、初始教育、心理测评等执法活动时，还无法达到“至少有一名女性工作人员”的标准。另外，矫正小组成员由于常常缺乏女性的参与，给走访谈话特别是个别谈话造成诸多不便和困难。② 而社会力量的介入中，也如有人所说的：“社区居委会成员多为社区已退休的老年女性，虽然社区居委会一直在积极吸纳年轻人的加入，但是仍然以年龄较大的人员为主，他们缺乏专业的知识背景和专业方法，无法回应女性矫正对象的特殊需求，不利于社区矫正工作的开展。”③ 因此，现实中针对女性社区服刑人员的女性专业人员尤其是具有社会学、教育学、法学、心理学等方面的专业人员还处于非常匮乏的状态。

（三）针对女性社区矫正对象特点的矫正项目单一

女性与男性相比，由于其身心方面的特殊性以及社会需求方面的差异性，对她们予以有针对性地设置矫正项目才能使社区矫正真正做到有的放矢。然而，目前社区矫正项目较多的是社区保洁、绿化、巡逻、站岗、便民维修以及维护交通等，这些相对于女性来说还是不太适合。虽然专门针对女性社区服刑人员的项目主要有美容、美发、插花、串珠、烹饪等，个别地方进行护理的培训，但总体而言，针对女性社区服刑人员的矫正项目还是偏少且单一，这从一个侧面也体现了我国目前对于女性社区服刑人员还是注重监管，轻教

---

① 禹红梅：《关于女性社区服刑人员社区矫正现状的调查与研究》，载《中共乐山市委党校学报》2016 年第 2 期。

② 昌平区司法局调研组：《新形势下女性社区服刑人员社区矫正工作实践与思考》，载北京市司法局网：http：//www.bjsf.gov.cn/publish/portal0/tab85/info106529.htm，访问日期：2017 年 11 月 12 日。

③ 邢红枚、刘一珂：《社会力量在女犯社区矫正机制建设中的作用》，载《净月学刊》2016 年第 3 期。

育帮扶。正如有人通过调研发现："由于多方面的原因，当前的社区矫正工作非常重视对女性社区服刑人员的监督管理，如花大量的时间、物力和财力对服刑人员的人身活动范围进行限制，防止出现脱管现象，而在教育矫正和社会适应性帮扶方面却做得不够。且当前的教育矫正内容非常单一，主要以法律法规政策等内容为主，很少涉及心理健康知识等方面的教育，这与女性社区服刑人员普遍心理压力较大、心理承受能力较差、需要心理方面帮助的现实不符。"此外，"女性社区服刑人员犯罪服刑的事实一定程度上对其婚姻家庭关系、就业及社会关系网络方面产生负面的影响，需要接受相关社会适应性方面的帮扶，而现实的情况是，女性社区服刑人员很少接受社会适应性方面的帮扶"①。另外，现实中对于女性服刑人员之间的差异性也没有顾及，如现有的烹饪、美容、美发等项目，对于以前工作性质较好、学历较高的女性来说也不是太适应。

（四）针对女性社区矫正对象特殊时期的关爱不够

女性由于其生理的特殊性而具有一些特殊的生理期，比如经期、孕期、生产哺乳期等，从而会导致其身心的一些变化。另外，在有些特定的时期，比如婚恋期，对于女性的影响也有别于男性。因此，对女性社区服刑人员来说，应当在这些特殊期给予她们特殊的关爱，不仅是人性使然，也是矫治的需要。正如有学者所说的："本着人性化管理的理念，社区矫治工作人员应该在日常工作中多留心和关注她们，对于老龄女性矫治对象及处于月事、生育、哺乳期的矫治对象应减免公益劳动或者减轻其公益劳动强度。处于婚恋期的女性矫治对象要对其加强正确婚恋观的教育和心理干预，使其在矫治期内能正常、健康地恋爱和结婚。"② 这种有针对性的关爱，既可以减轻女性社区服刑人员的抵触情绪，又能够赢得她们的信任，从而增强了社区矫正工作的亲和力。然而，目前在社区矫正工作的实践中对此都没有引起足够的重视。

---

① 禹红梅：《关于女性社区服刑人员社区矫正现状的调查与研究》，载《中共乐山市委党校学报》2016 年第 2 期。

② 艾晶：《女犯社区矫治的可能性研究——基于辽宁省的实证考察》，中国社会科学出版社 2014 年版，第 194 页。

四、对女性社区矫正对象矫治的进一步思考

根据女性社区矫正对象的身心特征，进行有目的的针对性矫治，其产生的社会效果和法律效果都是不言而喻的。因此，针对在社区进行矫治的女性服刑人员而言，有必要对其予以“特殊对待”的伦理性和应然性作进一步的思考。

（一）对女性社区矫正对象矫治的伦理性思考

女性主义关怀伦理学兴起于20世纪80年代。卡罗尔·吉利根在对多名处于道德困境中的女性进行访谈等一系列深度研究的基础上，认为男性和女性存在两种不同的道德思维方式，男性倾向于依据公正的原则和个人的权利做出道德判断，而女性更多地关注具体社会情境下的关怀与责任。也就是说，男性与女性遵从两种不同的道德评判系统——公正伦理与关怀伦理。① 之后，以女性主义视角建立起来的关怀伦理理论得到越来越多女性主义者的积极关注与支持。当然，女性主义关怀伦理学的核心还是对“关怀”这个概念的理解。在女性主义者们看来，“关怀”通常被理解为一种动机、态度或者美德。此外，“关怀”还特别地指向一种付诸实践的能力，即它不仅仅意味着一种关怀他人的意愿，更意味着关怀者有能力对他人予以关怀，也就是说，能够在一定程度上满足被关怀者的现实需求。“关怀”源于对人之关系本质的一种深切体认，即我们每一个人始终处在和他人休戚与共的关系之中。故而，“关怀”要求我们始终保持对他人的合理关注，它同样引导着我们对有关公共领域的一些问题（如：正义原则、制定社会政策）的思考。② 总之，“关怀伦理学是以关怀、情感为核心，注重人们之间的相互依赖，相互联系和相互关怀的理论。它以关注、责任、能力和反应为特征，不注重道德判断和推理”③。关怀伦理并不是想打破代表父权制的公正伦理，只是与公正伦理的视角不同，

---

① 陈英、陈新辉：《女性视界——女性主义哲学的兴起》，中国社会科学出版社2012年版，第237页。

② 琚挺挺：《女性主义、关怀伦理与当代公共行政的重塑》，载《天府新论》2015年第6期。

③ 肖巍：《女性主义关怀伦理学》，北京出版社1999年版，第25页。

是对公正伦理之不足的补充。

那么，对于服刑人员而言，其地位与矫正机构中的工作人员是不平等的，在这样的关系中，服刑人员都是处于被支配的地位，是没有自我的一个受动者。根据女性主义关怀伦理，从人之关系的本性出发，对于服刑人员也应给予合理的关注和关怀，这不仅是人之关系的本质使然，也是矫治服刑人员人本通道，尤其是对女性社区矫正对象。因为女性社区矫正对象具有情感脆弱、羞耻心强、抵御力低等原因，且在服刑期间并没有完全脱离社会关系，为了生活和工作的生存和延续，被关怀的需求是“关系性的自我”保存的内在动力，是其不被甩出现有社会关系的重要拉力。另外，女性社区矫正对象由于其生理、心理、婚姻家庭等方面的特殊性，在多方面受到限制的服刑期间，予以特殊的关怀恰恰体现出女性主义关怀伦理中“以关怀、情感为核心”以及“关怀”的动态性，如此也才能更好地与其解决在社区矫正中遇到的困惑和问题，从而达到最佳的矫治效果。

（二）对女性社区矫正对象矫治的应然性思考

对于女性服刑人员如何进行有效的改造，学者们都曾经提出过许多的见解。如有学者提出，应结合女犯在需要、性格和行为等方面的特点，抓住女犯思想转变的契机，及时扭转其不良倾向，适时引导，因人施教；还有学者提出，对于失足的女青少年，应针对其生理特点及思想细腻、敏感等特点，保护其声誉和自尊心，帮助解决实际困难；特别要注意失足女青少年重新回到社会以后的交往和恋爱、婚姻等问题，防止其不良交往的重新恢复；要改善犯罪女青少年的家庭教育，消除她们家庭结构和家庭教育的缺陷。① 当然，这些见解都是非常有见地的。不过，这又是主要针对女性监禁服刑人员而言的。由于我国社区矫正起步较晚，且现在还是处于不完善阶段，故而针对女性社区矫正对象的矫治问题的探讨还不是很多。下面结合现有的研究，对如何矫治女性社区服刑人员做进一步的思考。

首先，完善现有规范性文件中针对女性社区矫正对象的规定。我国虽然目前没有针对女性社区矫正对象的专门性规范性文件，但应当吸收国际上的

① 阴家宝主编：《新中国犯罪学研究综述》，中国民主与法制出版社1997年版，第525～527页。

规范性文件中关于保护女性的精神，尤其是《东京规则》《曼谷规则》的有关精神，来完善现有的规范性文件中关于女性社区服刑人员的规定。比如，类似于2009年4月13日国务院新闻办公室发布的《2009—2010年国家人权行动计划》中所写到的："对被监禁女性适用女性特点的管理方式，重视被监禁女性回归社会后生存就业能力的提高，对她们开展有针对性的职业技能培训。"同样，非监禁的女性服刑人员也应有如此的规范性保障。对于目前来说，国家也可以颁发针对女性社区矫正对象的专门的规范性文件，地方上可以根据本地的实际情况出台一些实施细则。当然，若今后制定《社区矫正法》时，可以设置专门的章节或条款，根据女性的生理、心理、婚姻家庭及社会关系等方面的特点，制定针对女性社区矫正对象的专门规定。

其次，建立健全针对女性社区矫正对象的工作者队伍。社区矫正本身就是一项复杂性和专业性较强的工作，社区矫正工作者队伍中就需要法学、社会学、心理学、教育学、犯罪学等各种专业的专业人员。那么，针对女性社区矫正对象又需要具有更加针对性的专业知识积累，故而对社区矫正的工作者尤其是主要从事女性社区矫正的工作的同志，就必须轮流长期地进行女性心理学、女性学、女性教育学、女性犯罪学等专业性的培训。之外，针对女性社区矫正对象，主要还是由女性工作人员较为方便，也易于与其沟通和产生信任感，故而必须保证社区矫正工作者队伍中一定的女性工作人员比例。另外，还要借助一些有利于女性服刑人员教育改造的社会力量参与到社区矫正工作中，"如果不能成为社会志愿者，也可以邀请女法官、女律师、女检察官对女性矫正对象开展法律咨询，解决妇女维权的疑难杂症，维护妇女的合法权益；邀请女医生协会中的女医生，为女性矫正对象开展预防、医疗、康复、保健服务等"。[①] 据此，在社区矫正工作中形成专业性、广泛性、针对性较强的适合女性社区矫正对象的工作者队伍。

再次，拓展针对女性社区矫正对象的矫正项目。针对女性社区矫正对象的项目不仅是指符合女性易于接受、理解、学习的项目，而且也包含能够易于成为女性在社会上求职、谋生的内容。当然，这些都不是绝对的，而是从

① 杨木高：《中国女囚矫正制度研究》，南京大学出版社2012年版，第242页。

女性的身心及社会现实的角度来看的。比如，对于女性社区矫正对象进行护理知识和技能的培训，既适用也符合女性的学习。只是目前类似于该类教育培训的项目还是太少，即便如此，很多地方还没有开展对于女性社区矫正对象来说具有针对性的项目。因此，应当拓展符合女性社区服刑人员进行教育学习和社会需求的项目，除了像烹饪、美容美发、插花等之外，甚至还可以进行营销知识的培训。不过，由于受到现实条件的制约，目前主要还是一些成本较低、简单易学的项目。随着我国今后社区矫正制度的发展完善，矫正项目的成本和复杂性也可以提高，那样对于不同学历或经历的女性服刑人员就可以有所区别。比如，对于高知的女性来说，进行书法、绘画、琴棋的学习会更符合她们自身的内在需求；对于久战商场的女性来说，进行营销策略、商业运作等方面的学习会更贴近她们的心理期待。

最后，重视针对女性社区矫正对象的教育帮扶。根据女性社区矫正对象生理心理的一些特殊性，在教育帮扶上也应予以特别关注。一者，在教育过程中应当更加重视个别教育的运用。“个别教育是指针对罪犯个体的特殊问题而采取的一种单独的面对面的思想影响、情感沟通和知识传授活动。”“个别教育的针对性、灵活性、渗透性、心理相容性强等特点，决定个别教育对罪犯心理影响比较深刻、比较彻底。个别教育虽然耗时、费力，但一旦奏效，更经得起时间的检验，效果相对比较稳定。”① 那么，针对女性具有的情感细腻、脆弱、生理上的周期反应所带来的情绪变动等差异性的特性而言，个别教育相对来说是针对性强、具有良好效果的方法。二者，在帮扶的过程中应当对女性社区矫正对象予以特别关爱。无论是由于生理心理原因所需要的关爱还是社会原因而导致所需要的关爱，比如生理期间参加劳动、在社会上的求职就业等，都应当在观念上和实施中有别于男性服刑人员。尤其是社会各部门以及各界人士也应多关心女性社区矫正对象的疾苦，给予她们必要的安慰和鼓励，在各方面尽量提供一些理解性的帮助，为她们搭建起融入社会的回归桥。

① 魏荣艳主编：《罪犯教育学》，中国检察出版社2011年版，第116～117页。

第九专题　社区服务刑之探索

社区服务刑是指由法庭根据犯罪人的具体情况判决其在一定的监管之下，进行规定时间、规定数量的无偿公益社区劳动的非监禁刑罚措施。它具有强制性、惩罚性、教育性、无偿性和社区性的特点。① 社区服务刑又称为社会服务刑、社区劳役、社区服务令等，甚至还有立法上的称呼类似于我国公益劳动②的“公共利益劳动”。社区服务刑作为非监禁的刑种或措施在西方国家得到了普遍确立，而在我国的刑罚体系中是否应当增设社区服务刑，来完善我国现有的刑罚体系，以及解决社区矫正中的一些“难题”，成为我国刑罚理论研究和实践中的重要课题。

一、西方国家社区服务刑的实践

社区服务刑虽然产生于20世纪70年代，但是，以公益劳动来代替剥夺自由刑却有着久远的历史根源。自中世纪始，德国的许多城镇在其章法中就规定：那些不能如期缴纳罚金的人，可以用公益劳动来抵偿因不能缴纳罚金而应得的拘禁刑。那时，具有替代性质的公益劳动主要有：修筑城墙；清理

---

① 邱威：《我国引入社区服务刑的法律思考》，载《福建论坛·人文社会科学版》2010年第10期。

② 我国在《社区矫正实施办法》出台之前，称社区服刑人员的强制性劳动为“公益劳动”，《社区矫正实施办法》出台之后，将其更名为“社区服务”。对此，武玉红教授曾有论述，认为公益性至少包含了服务社会的奉献性和不获取报酬的自愿性两个方面的内容，因此，这样一个赞美的概念是很难解释对社区服刑人员具有强制性的劳动为“公益劳动”。武玉红：《对我国社区矫正中社区服务运作机制的思考》，载刘强、姜爱东主编：《社区矫正评论》（第四卷），中国人民公安大学出版社2014年版，第134页。不过，我国现有的规范性文件中的“社区服务”并非我们在此探讨的社区服务刑或域外立法中的社会服务等，因为我国现有规范性文件中的“社区服务”并不是一个具有法律内涵和地位的概念，它只是对在社会上从事无偿劳动的一个表述概念。

城镇渠道。1614 年，瑞士的伯尔尼市将类似的规定引进了自己的立法。从 17 世纪开始，公益劳动在不同国家的各种文献与有关刑罚运用的记载中均可发现。最常见的表述形式就是“强制劳动”（Arbeitsstrafe）或“劳动刑”（work sentence）。这就意味着，不能或不愿缴纳罚金的人，可以用公益劳动来抵偿罚金。有时候这种刑罚措施也适用于剥夺自由的场合。早期的“强制劳动”或“劳动刑”主要存在于德国与瑞士两国的立法中。当时，判令犯罪人从事公益劳动，不仅可作为罚金刑的一种替代措施，而且也可以作为监禁刑的替代措施。17 世纪，服劳役作为罚金违约拘禁刑（default detention）的一种替代措施引入之后，1701 年和 1703 年的《叛变条例》采用了它。故服劳役又成为死刑、流放刑、监禁刑的替代刑。用公益劳动来代替监禁刑的基本思想从 19 世纪末已为欧洲的许多立法者所接受。例如，意大利（1889）、挪威（1902）、德国（1924）、葡萄牙（1929）和瑞士（1942）的刑事法律中均规定了社会服务这一替代措施。①

现代的社区服务刑一般认为起源于英国在 1972 年的《刑事司法条例》中创设的“社区服务”这个刑种。据此，英国社区服务令的主要内容为：对 16 岁以上的有罪并应被处监禁刑的人，法院在其本人的同意下，可判处其在 1 年内选择适当日期，在缓刑官的指导下，无偿从事 40 小时以上 200 小时以内的社区服务劳动，被判处社区服务的罪犯每周至少要有 5 个小时至 20 个小时的社区服务时间。参加社区服务的罪犯，必须遵守社区服务的时间，按时到指定地点参加社区服务。如果不按时到社区服务点参加服务，第一次社区服务点的监管人员要给予警告，第二次要给予严肃的批评，第三次将可能被送回法院，重新判决入狱。适用这一措施的犯罪人必须在社会保护观察局的管理和监督下，从事有益于社会的无偿劳动服务，如到医院看护病人、为老人装修房屋、照顾残疾人、打扫公共场所、到学校或慈善机构做家具、清理河道等。英国还专门派出了社区服务的检察官，专司检查社区服务的效果。从英国的实际执行情况来看，大约 80% 的犯人能够遵守服务令规定的各项条件，完成劳动任务，只有大约 20% 的犯人因未能履行规定的各项条件而被送回法

① 谢望原：《西欧探寻短期监禁刑替代措施的历程》，载《政法论坛》2001 年第 2 期。

院改判其他刑罚。①

在美国，虽然社区服务的执行起步较晚，但要求受刑人履行某些工作或服务来代替刑罚的做法，早在第二次世界大战期间就出现了。当时主要是因为战争对人力的需要。而现在社区服务已被许多州的刑法规定为一种刑罚方法，其主要适用于轻微犯罪和未成年人犯罪，最为普遍适用的对象是酗酒驾车者，一般情况下，社区服务的时间为50～200小时。② 法国刑法中是将“公共利益劳动”作为完全独立的刑种，不得与监禁、剥夺权利或限制权利、罚金等并科宣告。比如其中第131～318条的规定，对于实施了可以判处监禁刑的轻罪的犯罪人，法院可以指令被判刑人犯为公法法人或有资格实施公共利益性质之工程的协会完成不付报酬的公共利益劳动，时间为40～240小时。法官宣布公共利益劳动，必须当事人在场并征得其同意；对拒绝接受公共利益劳动之刑罚或判决时未出庭的人犯，不得宣告公共利益劳动的刑罚。法庭庭长在判决宣告之前，通知被告有权拒绝完成公共利益劳动，并听取其答复。③ 澳大利亚将社区服役作为行刑社会化模式的重要一环，已得到大量应用。罪犯必须在规定的时间内从事无偿的社会工作，在首都区的社区服役1年不超过208小时。社区服务令方案由缓刑与假释事务局监管，具体工作由各自愿性社会组织实施。④ 除此之外，像俄罗斯、葡萄牙、瑞士等国家以及中国香港、澳门等地区的刑法或专门法中都有社区服务刑的相关规定。

二、我国社区服务刑的司法尝试

自英国创设社区服务令之后，社区服务刑在西方国家受到了普遍欢迎。我国法律上虽然没有明确规定社区服务刑，但有些地方也进行了社区服务的大胆司法尝试。

2001年5月，河北省石家庄市长安区检察院出台了《关于实施“社会服

---

① 王运生、严军兴：《英国刑事司法与替刑制度》，中国法制出版社1999年版，第108～114页。

② 刘强：《美国刑事执法的理论与实践》，法律出版社2000年版，第242～243页。

③ 《法国刑法典》，罗结珍译，中国人民公安大学出版社1995年版，第14页。

④ 陈金鑫：《澳大利亚的行刑社会化》，载《刑侦研究》1999年第1期。

务令”暂行规定》。之后，长安区检察院向因盗窃而受到刑事追究的17岁犯罪嫌疑人黎明（化名）发出了我国大陆第一道“社区服务令”，即“黎明（化名），我院已收到石家庄市公安局长安分局移送审查起诉你涉嫌盗窃一案。因你犯罪时未满18周岁，犯罪情节轻微，为依法维护未成年人的合法权益，对失足的未成年人坚持教育为主、惩罚为辅的方针，现指令你到居委会进行无薪社会服务”。黎明在完成了100个小时的补偿性社区无薪劳动服务后，检察院根据黎明的表现下达了“不起诉决定书”，黎明又像过去一样回到普通人的生活中。8月22日，石家庄市长安区检察院副检察长裴维奇在接受记者采访时介绍说，受港澳地区“社会服务令”启发，出台《关于实施“社会服务令”暂行规定》，对符合不起诉条件的未成年犯罪嫌疑人，由检察机关下达“社会服务令”，推荐到社会公益性机构，由检察机关聘用的辅导员对其进行思想感化教育，并在规定时间内从事有益的无薪工作，对社会做出一定补偿，使其重拾自尊，早日回归社会。检察机关根据未成年犯罪嫌疑人社会服务期间的工作表现和思想转变情况，决定是否对其做出不起诉处理来代替检控。①石家庄市长安区检察院对社区服务令的尝试，引起了强烈的社会反响。

自石家庄市长安区检察院首次进行社区服务令的尝试之后，我国多地也进行了一些试点。比如，2003年，四川省成都市金牛区检察院对5名因抢劫被判缓刑的少年犯提出检察建议，要求他们到所居住的社区随治保人员从事两天的巡逻工作。2003年，上海市长宁区人民法院向部分未成年犯发出“社会服务令”，让他们到老年护理院实行“义工制”。2004年，辽宁省普兰店市人民法院判决一位在专卖店抢手机未遂而构成抢夺罪的17岁在校中专生到该市某社区无偿服务。不过，我国多地进行的社区服务令的尝试也面临着合法性的难题。正如有学者所说的：“社区服务的实质，都是一种相对限制人身自由的强制措施。根据中国《立法法》第8条规定，限制公民人身自由的强制措施和处罚只能制定法律，即立法主体必须是全国人民代表大会及其常务委

---

①《我国第一批“社会服务令”在河北部分检察院试行》，http：//news. sina. com. cn/c/2001-08-22/336965. html。

员会，其他任何部门和机关不具有此项权限。”① 于是，2005 年 5 月，最高人民法院向各地高院发出通知，要求全国法院系统不再开展社会服务令的探索性工作。因此，虽然社区服务刑在我国具有一定的现实需求，但是如何在立法上予以设置，解决现有理论和实践中的问题，都将成为我国未来刑罚制度改革探讨的主题。

三、我国社区服务刑增设的理论探索

（一）增设社区服务刑的理由

社区服务刑虽然受到各地的普遍欢迎，但也有一定的反对声音。他们认为社区服务不具有惩罚性，难以矫正犯罪人，也难以威慑潜在犯罪人，并且社区服务对防止再犯没有实际价值，等等。如在美国纽约州的一个调查表明，在完成社区服务的人中，3 个月后的重新逮捕率为 44%，其他的研究也表明了这一令人泄气的结论。② 不过，理论界总体还是对社区服务刑表达出赞赏的声音。在我国也同样如此，学者们对于我国增设社区服务刑的理由进行了充分的论证，主要有：

1. 有利于完善我国刑罚体系结构。由于我国现行刑罚体系在适用上存在着诸多弊端，导致对于轻微犯罪、初犯和未成年犯罪都不得不选择判处监禁刑，既浪费了行刑资源，也难免监禁刑罚的消极影响。增设社区服务刑，不仅可以满足矫正罪行较轻、社会危害性不大的罪犯的需要，还可以使我国刑罚体系趋向科学化。③ 社区服务刑的设立，可以改变我国刑罚体系不科学、不完整的状况，使我国刑罚种类不仅可以充分满足惩罚、教育改造罪行较重、社会危害性较大的犯罪的需要，还可以满足惩罚和教育改造罪行较轻、社会危害性不大的犯罪的需要，而且也是我国刑罚体系适应国际社会轻刑化、社

---

① 但未丽：《中国增设社区服务刑之必要性及立法构想》，载《首都师范大学学报（社会科学版）》2009 年第 6 期。

② 刘强：《美国刑事执法的理论与实践》，法律出版社 2000 年版，第 243 页。

③ 邱威：《我国引入社区服务刑的法律思考》，载《福建论坛·人文社会科学版》2010 年第 10 期。

会化发展的需要。① 认为我国现有刑罚体系存在诸多不科学的弊端从而应完善刑罚体系作为增设社区服务刑的理由，是大多数人的看法，但也有人并不将此作为增设社区服务刑的理由。比如有人认为，我国现有刑罚体系本身较为完善，只是具有一定的特殊性和复杂性，社区服务刑的增设是在维护现有刑罚体系基础上对其进一步的完善。② 虽然这种看法不否认我国现有的刑罚体系，但毕竟是从完善的角度予以阐述的。

2. 有利于行刑社会化，改造犯罪人。监禁刑尤其是短期监禁刑，不仅不能改造好犯罪人，反而由于交叉感染导致犯罪人变得更坏，同时也影响犯罪人的社会化。这些弊端已得到世界上的普遍认可。但是，社区服务刑是一种社会化的刑罚方法，有利于促进犯罪人的再社会化：（1）犯罪人的再社会化由于其与社会接触的不中断而得以顺利进行；（2）由于犯罪人不被收监执行，他的就业、就学机会不致失去，不脱离家庭生活，有利于培养和发展其家庭和社会责任感，这同样有利于犯罪人的再社会化进程；（3）犯罪人通过为社区提供服务重新取得社区成员的信任，使社区成员看到犯罪人身上潜在的积极价值，并使犯罪人从其促进公益的行为中产生成就感，激发其与社区合作的愿望，以尽快融入社区中去。③

3. 有利于降低行刑成本，提高行刑效率。与监禁刑相比，非监禁刑可以节约行刑成本，提高行刑效率，已得到各国实践的证实。故而社区服务刑的执行，可以大大减少用来建造和运行监狱的费用，也可以解决关押罪犯所带来的后续社会问题，如罪犯未成年子女的救助，生活困难罪犯的家庭社会救济，罪犯出狱后的家庭、就业、生活等问题。而且，适用社区服务刑，通过要求罪犯为社会提供无偿劳动，可以在很大程度上减少国家在公益性事业建设和维护上的支出。④ 因此，社区服务刑不但可以解决监狱犯人坐吃闲饭、无所事事的问题，还可以为社区建设作出贡献，可谓是两全其美的好事。⑤

4. 有利于符合现代刑罚的发展趋势，与国际刑事司法准则衔接。与国际

---

① 郭建安、郑霞泽主编：《社区矫正通论》，法律出版社2004年版，第456页。

② 王刚：《关于我国刑罚中借鉴社会服务的立法思考》，载《中国刑事法杂志》2003年第6期。

③ 周国强：《国外社区服务刑述评及借鉴》，载《国家检察官学院学报》2004年第2期。

④ 邱威：《我国引入社区服务刑的法律思考》，载《福建论坛·人文社会科学版》2010年第10期。

⑤ 郭建安、郑霞泽主编：《社区矫正通论》，法律出版社2004年版，第456页。

社会轻刑化和非监禁化的潮流相比，我国现行的刑罚结构中的重刑比重过大，社区服务是以不剥夺自由的方式直接依靠社会力量来进行监督和改造，是一种开放的刑罚方法，符合国际刑法发展的趋势。① 具有国际刑罚改革趋势的非监禁刑的适用，是刑罚人道主义的国际刑事司法准则的重要内容，国际社会为此还颁布了一系列的文献。我国作为在国际社会中具有重要影响力的大国，增设社区服务刑，体现刑罚人道主义要求，使我国刑法尽快与国际接轨，与国际刑事司法准则衔接，从而促进国家刑罚文明的进步，提升整个国家的文明水平。②

5. 有利于最大限度地实现同罪同罚，满足公众和被害人的报应情感。由于社区服务刑的计量单位是服务时间，通常是以小时计算，所以犯罪人所承担的刑事责任以这种易于看得见和掌握的方式表现，有利于建立罪、责、刑之间相对的适应关系，较大限度地实现同罪同罚。③ 另外，针对犯罪轻微的犯罪人适用的社区服务刑，如果对他们判处监禁刑，也只能是比较短的监禁刑，如果判处罚金，金额一般也不会太高。因此，社区服务作为监禁刑的替代方式，尤其是针对那些初次犯罪、偶然犯罪的犯罪人，既具有恰当的惩罚性，又能满足公众和被害人的报应情感，并能够发挥一定程度的威慑功能。④

6. 有利于符合我国司法实践的现实需求。正如前面所提到的，虽然我国法律上还没有社区服务刑的规定，但在司法实践中已取得了较好的效果，可见司法实践是有这种需求的。因此，迫切需要在实践的基础上总结经验，将这一刑罚方式在我国刑法典中加以规定，以便实际部门有法可依，使这一刑罚方法制度化、法律化。⑤

我国学者对于我国刑罚体系中增设社区服务刑的关注以及实践中所进行的一些尝试性地探索，这既有国际社会刑罚发展趋势的带动之外因，也有国内刑罚改革的进步之内因。尤其是我国司法改革的稳步推进，使得增设社区服务刑的必要性又有了新的理由。那就是针对认罪认罚从宽制度的建设而言，

---

① 王刚：《关于我国刑罚中借鉴社会服务的立法思考》，载《中国刑事法杂志》2003 年第 6 期。

② 戴群策：《关于我国刑法设置社会服务刑的立法构想》，载《社会科学研究》2006 年第 1 期。

③ 但未丽：《社区矫正：立论基础与制度构建》，中国人民公安大学出版社 2008 年版，第 205 页。

④ 何显兵：《社区刑罚研究》，群众出版社 2005 年版，第 407 页。

⑤ 郭建安、郑霞泽主编：《社区矫正通论》，法律出版社 2004 年版，第 457 页。

社区服务刑可以成为被告人因认罪认罚而给予从宽时适用的惩罚措施。

2014 年，中共十八届四中全会通过的《中共中央关于全面推进依法治国若干重大问题的决定》提出，“完善刑事诉讼中认罪认罚从宽制度”。该项制度不仅是程序法中的制度，也与实体法有着紧密的联系。总体而言，就是在犯罪嫌疑人、被告人自愿认罪认罚的基础上予以实体上的从宽、程序上的从简。根据现有的立法规定，犯罪后行为人的一些行为都是认罪认罚的表现，比如犯罪后真诚悔罪、积极退赃、主动赔偿损失、达成刑事和解等，还有《刑法》中规定的自首、坦白等。至于实体上从宽，目前主要是量刑上予以从轻、减轻或免除处罚，或者可以适用缓刑，或者在减刑、假释时可以从宽掌握。比如 2013 年《最高人民法院关于常见犯罪的量刑指导意见》中规定：“对于自首情节，综合考虑自首的动机、时间、方式、罪行轻重、如实供述罪行的程度以及悔罪表现等情况，予以减少基准刑的 40% 以上或者依法免除处罚。恶意利用自首规避法律制裁等不足以从宽处罚的除外。”若我国增设了社区服务刑，这样又增加了一个从宽的类型，特别是对于剥夺自由的短期刑而言，可以适用社区服务刑予以从宽的待遇。

以上是对我国增设社区服务刑的积极性一面的探讨，都具有一定的道理。但是，不可否认其中仍然还有需要进一步研究的问题。比如，非监禁执行的犯罪人所从事的无偿劳动是否会减少国家对公益性事业的投入？根据目前的实践现状来看，在我国现有的制度框架内，它们二者之间并不存在必然的联系。相反，有时是为了劳动而劳动，实质上做的是无用功。当然，这也反映出进行非监禁刑的改革并不是孤立的，既然在社会上执行，就必然与社会中包括制度、设施等在内的各方面存在着或多或少的联系。再比如，社区服务刑是无偿的劳动，在被害人不能得到赔偿的情况下，受到社区服务刑惩罚的犯罪人仍然不能通过自己的劳动收入对被害人给予赔偿，从而使得被害人的权益并不一定能够得到充分有效的保护。因此，即使是增设社区服务刑，在未来的制度设计中也应适当关注被害人在其运作中的地位。

（二）增设社区服务刑的建制

我国学者在探索社区服务刑的过程中，在借鉴域外的成功做法和结合我国实际情况的基础上，对于我国增设的社区服务刑提出了许多具有建设性的构想。

1. 社区服务刑的性质。根据域外的立法现状来看，有的将社区服务作为独立的刑种，有的将其作为其他刑罚的替代措施，还有的是将其作为缓刑、假释的执行条件或执行内容，甚至有的把社区服务作为审查起诉时的考察手段。我国学者对增设社区服务刑时的定位问题也进行了探索，同样是观点并不统一。个别学者认为，我国若增设社区服务不适宜设置为独立的社区服务刑罚，而应当将社区服务附加适用。① 不过，一般学者都认为，我国增设社区服务刑应当作为独立的刑种，只是存在着是作为主刑还是附加刑的不同看法。其中，少数学者认为，社区服务刑应定位为主刑。因为附加刑的地位不能得到足够重视，正如作为附加刑的罚金刑不能充分发挥效用而为学界所诟病建议提升为主刑一样。所以应当吸取罚金刑的教训，避免再次陷入立法规定与实践操作无法真正融合的困境。② 多数学者认为，我国宜将社区服务设为一个独立的刑种，规定在附加刑中，这样既可以独立适用，也可以附加适用。同时，也把罪犯从事一定时数的社区服务作为其在管制、缓刑、假释期间的附加义务，有劳动能力的都必须参加。③ 笔者也赞成多数学者的观点，将社区服务刑设置为附加刑。理由也正如学者们所阐述的是我国刑种的一种有益补充，而又不会破坏现有的刑罚体系，在消解非监禁刑执行难的同时，又可以提高社区服务刑适用的灵活性，特别是解决了现实中非监禁刑执行中进行无偿劳动的法律依据问题。除此之外，立法上还需要予以明确规定的是，作为附加刑的社区服务刑在数罪并罚时适用并科原则。不过，这主要是指社区服务刑与其他能够同时执行的非监禁刑种或执行措施的并科。并且，考虑到人的自然属性和自然规律的限制性，一人在犯数罪时虽然数罪都可适用社区服务刑也只判决适用一个社区服务刑。

2. 社区服务刑的适用对象和条件。从域外的立法经验来看，社区服务刑

① 邢文杰：《社区服务入刑模式之设想》，载刘强主编：《社区矫正评论》（第一卷），中国法制出版社 2011 年版，第 154 页。

② 张纵华：《社区服务刑刍议》，载《公安研究》2008 年第 6 期。

③ 周国强：《社区矫正制度研究》，中国检察出版社 2006 年版，第 214 页；何显兵：《社区刑罚研究》，群众出版社 2005 年版，第 418 页；戴群策：《关于我国刑法设置社会服务刑的立法构想》，载《社会科学研究》2006 年第 1 期。

的适用对象应是罪行轻微、恶性不大的罪犯，主要包括未成年犯、轻罪犯、过失犯。因此，我国绝大多数学者认为增设的社区服务刑也应以此为适用对象，只是在何为轻罪的界定中有的以 5 年以下有期徒刑为界限，有的以 3 年有期徒刑为界限。还有学者阐述的更为详细，分列了独立适用和附加适用的情形。独立适用的对象为：未成年人犯罪、过失犯罪、犯罪情节较为轻微的偶犯、胁从犯、预备犯和中止犯、正当防卫过当的和紧急避险过当的、犯罪后自首和立功的、单位犯罪的；附加适用的对象为：管制、拘役和三年以下有期徒刑、缓刑、假释、监外执行。社区服务刑的适用条件是：犯罪人的人身危险性较低、有一定的悔过表现、有劳动能力以及原则上同意服社区服务刑。① 笔者对这些适用对象和适用条件总体表示赞成②，但认为有几个问题仍需做进一步探讨：

第一，关于被判处"拘役和三年以下有期徒刑"而附加适用社区服务刑的问题。被"判处拘役和三年以下有期徒刑"的可能导致三种情形：其一，若符合缓刑条件，可判处缓刑从而进入社区执行；其二，将社区服务刑作为其替代刑罚；其三，将社区服务刑作为其附加刑罚适用。第一种情形就是现行的执行措施之一。第二种情形是独立地适用了社区服务刑，在未来的社区服务刑的设置中是可以考虑的做法。至于第三种情形，操作中只能是如剥夺政治权利一样进行适用，即在主刑执行完毕后再执行社区服务刑。若从有利的方面来看，就是在被"判处拘役和三年以下有期徒刑"的这种刑罚适用上又增加了一个档次。但是，这样再进入社区执行的适用方法意义不大，因为能够被判处拘役或三年以下有期徒刑的都是犯罪较轻、人身危险性也不大的罪犯，经过拘役或三年以下有期徒刑的实刑执行就可以达到刑罚的目的。另外，与其相比，还有假释制度以及上述的第一种和第二种情形的适用，这样相互配合就根本没必要再将被判处"拘役和三年以下有期徒刑"而附加适用

---

① 戴群策：《关于我国刑法设置社会服务刑的立法构想》，载《社会科学研究》2006 年第 1 期。

② 至于学界中的社区服务刑主要适用于老年犯罪人的观点，有学者已提出反对意见，认为："由于老年人的身体健康状况不容乐观，大部分老年人首先被排除在社区服务适用范围之外。"邢文杰：《社区服务入刑模式之设想》，载刘强主编：《社区矫正评论》（第一卷），中国法制出版社 2011 年版，第 155 页。笔者表示赞成。从年龄角度区分，只将未成年人作为一个群体区分出来即可，这是对未成年人特殊保护的需要。

社区服务刑的作为一种适用方法。

第二，关于单位犯罪是否适用社区服务刑的问题。社区服务刑的内容就是提供劳动，而劳动只能是自然人才能进行。作为自然人的集合的单位是不能从事劳动的，即使是民法意义上的单位具有主体资格在社会中享有“劳动”的收益及其分配等权益，但是具体的劳动工作仍然是自然人所实施的。若是对单位适用社区服务刑，提供劳动的还是单位中的职工，而单位犯罪主要是“其直接负责的主管人员和其他直接责任人员”所从事的行为，对单位适用社区服务刑会导致对单位中无辜的职工的惩罚。

第三，被暂予监外执行的罪犯是否可以适用社区服务刑的问题。暂予监外执行的适用对象是身体上有严重疾病、生活不能自理以及怀孕或哺乳自己婴儿的妇女，其制度理念主要是人道主义，与其他各类可以适用社区服务刑的对象有本质的区别。对于这些人适用需要具备活动能力和活动条件的社区服务刑在实践中既难以实施也没有必要，并且也与暂予监外执行制度设置的初衷背道而驰。从反向思维观之，若他们能够从事劳动的话，或者说具有从事劳动的活动能力和活动条件，还有必要予以非监禁的执行？因此，被暂予监外执行的罪犯不宜适用社区服务刑。

第四，适用社区服务刑是否须犯罪人同意的问题。刑罚是国家创制的、对犯罪人进行的一种特殊惩罚方式，是国家意志的体现，也是国家权力的外在表现形式之一。刑罚的适用主要是根据已然之罪来确定其惩罚程度，追求罪刑之间的对等性。因此，刑罚的适用具有单向性和单方性，不可能是合意的结果，这也是刑法具有“刚性”的体现。若社区服务刑的适用须征得犯罪人的同意，是与刑罚适用的内在本质背道而驰的。那种认为适用社区服务刑征得犯罪人同意有利于执行或可以减少服刑期间的危险性的看法是难以成立的。若如此，像罚金、剥夺政治权利也会有类似的影响因素，是否也需要征得犯罪人的同意才适用？答案显而易见。所以，适用社区服务刑须征得犯罪人同意不应成为社区服务刑的适用条件。

3. 社区服务刑的行刑期限。在国际上，社区服务刑的行刑期限也不完全相同。比如，俄罗斯《联邦刑法典》第 49 条规定：“强制性工作的期限为 60 小时至 240 小时，而每天服刑的时间不得超过 4 小时。”澳大利亚则是 16 小时至320小时，其中，澳大利亚要求法院必须具体规定从事社区服务的时间范围，但不得超过18个月，并规定罪犯在社区服务期间的任何一天连续工作超过4小时，接下来的1小时必须是用餐休息时间，同时罪犯每周的劳动时间不能少于4小时。① 在我国，学者们也提出了自己的设想。有学者认为，在非工作日，每天（次）工作时间不得超过4小时，但是不得少于2小时；在工作日，每天（次）工作时间不得超过2小时，但是不得少于1小时。每周工作时间不得少于8小时。② 有学者认为，最好分单处、附加和追加三种情况，单处社区服务刑的一周劳动时间不少于3天，每天不少于4个小时，但不应多于8个小时；附加执行的一周劳动时间不少于1天，每天不少于4个小时；而追加执行的依照附加类型的规定，即每周不少于4个小时。至于总服务时间，附加适用的期限受制于主刑刑期，或者与缓刑考验期、假释的余刑期相关，因此，只规定单处社区服务的最低和最高期限，为一个月至一年。③ 当然，也有学者认为只需做一些笼统的规定，比如，《刑法》中规定社区服务时间在60小时至300小时，每天不超过4小时，每周不超过3天。④ 或者是将社区服务的时数控制在60小时至240小时，每天不超过4小时，应在1年内完成。⑤ 笔者认为，进行笼统的规定较合理，因为这样既有一定的灵活性，也利于实践中根据不同的情况进行运用。只是在与管制、缓刑、假释等同时适用时，最高期限应以管制的刑期、缓刑的考验期、假释的余刑期为限，独立适用的由于是针对罪行较轻的犯罪，故可规定一个总期限或者总时数。在我国可规定为1年的期限或者240个小时的总时数。同时为了保护服刑人员的健康和惩戒的需要，只需规定一天不允许劳动超过多少时间，以及一个月不少于多少劳动时间。具体而言，在我国可以规定一天不允许超过4小时，一个月不少于16小时。我们以月为时间段而不以周为时间段，是因为考虑到我国有些法定假期可达一周，故以周为一个时间段计算明显存在不合理的情

① 刘强主编：《各国（地区）社区矫正法规选编及评价》，中国人民公安大学出版社2004年版，第277页。

② 何显兵：《社区刑罚研究》，群众出版社2005年版，第424页。

③ 但未丽：《社区矫正：立论基础与制度构建》，中国人民公安大学出版社2008年版，第215页。

④ 郭建安、郑霞泽主编：《社区矫正通论》，法律出版社2004年版，第458～459页。

⑤ 周国强：《社区矫正制度研究》，中国检察出版社2006年版，第215页。

况。至于是否应当规定最低期限？笔者认为没有必要，因为虽说没有明确规定最低的期限，其实是有最低期限的，即一个月时数量。因此，根据笔者的上述设想，行刑期限就是1个月至1年或者16小时至240小时。另外，也不应限定工作日或非工作日，因为有些社区服刑人员可能有工作单位，或者工作时间没有工作日与非工作日之分，不区分工作日与非工作日就不会对社区服刑人员的工作产生影响。

4. 社区服务刑的行刑场所。社区服务刑的执行是一种无偿的劳动，所以行刑场所也即提供劳动的场所一般都是一些非营利性单位。比如，在美国，罪犯是在一个非营利性、靠税收维持的机构内从事社区服务；在法国，社区服务刑是在公共机关、公共机构等公法法人或者有资格实施公益劳动性质之过程的协会内进行；在意大利，社区服务刑是在国家、大区、省、市或护理、教育以及民事、环境、森林保护单位、组织、实体中实施的。① 对于我国社区服务刑的行刑场所大体也应该是这样的原则要求，如有学者认为应该是：(1)社会福利机构，如养老院；(2)慈善机构，如慈善基金会；(3)公益性的事业单位，如学校、医院、图书馆；(4)公益性社团，如工会、义工组织；(5)公共设施管理部门，如市政、环保、园林部门；(6)国有企业单位；(7)政府或社区矫正管理部门指定的其他公益性场所。② 该学者建议归纳得较为全面，只是现实中这些类的行刑场所仍然存在着不足的状况。其原因主要有：一是由于我国市场经济的发展，很多公益性的机构都进行了市场化，导致纯公益性场所减少；二是帮教安置又挤掉了公益性场所内的一些份额；三是学校、部队等社会机构的送温暖、献爱心也抢占着仅有的公益性场所的资源。为此，以后建立一些为社区服务刑所使用的专门行刑场所是非常有必要的。至于这样的场所如何设置和管理，服刑人员劳动的公益性如何体现都需要进行深入的研究。另外，场所及其岗位的提供做到信息共享也很重要，因此，相关部门之间也应做好信息共享的平台，从而保障供需的有效对接。

5. 社区服务刑的行刑内容。社区服务刑的行刑内容，也就是服刑人员在社区从事的具体工作种类。由于各地各时期的经济发展水平、文化建设现状、

① 张纵华：《社区服务刑刍议》，载《公安研究》2008年第6期。
② 戴群策：《关于我国刑法设置社会服务刑的立法构想》，载《社会科学研究》2006年第1期。

环境治理状态等情况都不相同，因此工作种类也是千差万别。比如有英国学者对英国罪犯的社区服务项目调查显示的主要内容包括：建设儿童游戏场、屋顶铺设及修理、燃烧垃圾、擦窗户、护送和帮助有心理障碍的儿童、拆卸工作、油漆和装饰、栽树、清扫树叶、打扫马路、清扫林区、搬移障碍物、擦长椅、搬运水泥和建材、园艺、建人行道、修复工作、砌砖、混凝土浇筑泥土清除、砍树篱、照顾老夫妇、医院工作等。① 同样，我国现实中能够提供的服务类型主要也是这些护理类、清扫类、搬运类等低技术含量的体力劳动。这不仅是服刑人员本身技能所决定的，也是从简便易行、社会安全的角度所考虑的。不过，有学者建议劳动内容也可从服刑人员自身条件出发来发挥他们的特长，比如英语好的服刑人员可以让他们在社区学校教英语；会画画的服刑人员可以让他们帮助社区出黑板报；会理发的服刑人员可以让他们参加社区组织的免费理发活动。② 这样建议是非常有见地的，这种思路值得探索。随着社会分工越来越细，科技的高速发展，服刑人员中有各种各样技能的也不稀奇，尤其是计算机犯罪、白领犯罪的服刑人员。只不过如何对专业性较强的工作进行监控和评估是需要进一步研究的问题。

6. 社区服务刑的执行机关。在国外，对社区服务刑的执行，通常主要由两类机构负责：一类机构是缓刑部门；另一类机构是志愿者组织。在很多情况下，这两类组织往往联合起来，共同管理社区服务的执行事务。③ 由于社区服务刑的执行毕竟是刑罚执行活动，因此应当由专门的机关执行较为妥当。现如今我国的社区矫正执行由司法行政机关执行，社区服务刑的执行也属于非监禁的刑罚执行，与社区矫正中的社区服务内容相类似，故而社区服务刑的执行机关也应是司法行政机关。

7. 违反社区服务刑执行的后果。在社区服务刑的执行过程中，犯罪人不在指定的时间和地点进行无偿的劳动，或者其他有意逃避从事无偿劳动的，犯罪人应当承担怎样的法律后果。俄罗斯《联邦刑法典》第 49 条第 3 款规定："如果被判刑人恶意逃避被判处的强制性工作，则可以用限制自由或拘役

---

① 郭建安、郑霞泽主编：《社区矫正通论》，法律出版社 2004 年版，第 459 页。

② 但未丽：《社区矫正：立论基础与制度构建》，中国人民公安大学出版社 2008 年版，第 216 页。

③ 吴宗宪等：《非监禁刑研究》，中国人民公安大学出版社 2003 年版，第 320 页。

代替。在这种情况下，被判刑人已服过的强制性工作刑的时间在确定限制自由或拘役的期限时应予计算，1天限制自由或拘役折抵8小时强制工作。”英国对于不能按照判决所规定进行社区服务工作又没有正当理由的罪犯，可以提交法庭进行处理或者由高级缓刑官决定采取适当的措施或者启动诉讼程序对其进行处罚。[①] 澳大利亚《矫正服务法》（1982年）规定“如果法院确信该罪犯没有遵守社区服务令的要求，法院可以签发逮捕证，并规定合适的监禁期限；如果该罪犯是未成年人，法院可以发出家庭监禁一段时间的规定”。[②]《芬兰社区服务法》（2003年）第7条规定：“对于不遵守服务计划、服务日程表或者禁止性要求的罪犯，缓刑管理局必须发出口头或者书面警告。”第8条规定：“对于严重违反义务的行为，缓刑管理局必须立即通知公诉人。同时，缓刑管理局必须禁止开始社区服务或者命令中止社区服务。根据公诉人的估计，社区服务应当转换成监禁。”[③] 根据域外的经验再结合我国的实际情况，对于我国违反社区服务刑执行的后果设计，也可以分为轻重两大部分。在违反行为较轻的情况下，比如只是偶尔违反或没有造成较大社会影响等，可以首先予以口头或书面警告，犯罪人若不进行改正，再予以行政处分。在违反行为较重的情况下，比如屡教不改、性质严重、产生恶劣的社会影响甚至造成较大的损失等，一种是将社区服务刑转换为罚金刑，当然这也要看犯罪人的财产状况；另一种是将社区服务刑转换成拘役或有期徒刑等监禁刑。至于是否将已经进行的社区服务时数折算成监禁的天数，笔者认为不必要。这不仅是为了减少实践中的麻烦，而且也是因为社区服务中劳动本身就是无偿的，不折算更能体现出其本质，否则会使人产生违反规定时变成有偿的（当然这不是指经济上的有偿）错觉。

---

① 郭建安、郑霞泽主编：《社区矫正通论》，法律出版社2004年版，第460页。

② 刘强主编：《各国（地区）社区矫正法规选编及评价》，中国人民公安大学出版社2004年版，第283页。

③ 刘强主编：《各国（地区）社区矫正法规选编及评价》，中国人民公安大学出版社2004年版，第771页。

四、增设社区服务刑的初步构想

社区服务刑的增设，根据我国现有的立法状况和修改习惯，可通过《刑法修正案》的方式增设到《刑法》总则中，并且，对其具体适用做一些原则性的规定。具体而言，可以在《刑法》“第一编 总则”中“第三章 刑罚”的“第八节 没收财产”后增加“第九节 社区服务”，也即《刑法》第60条后增加社区服务的内容。为了不进行整个刑法条文序号的调整，可将社区服务的条文序号表述为“第六十点五条”，若是有多个条文组成，即可表述为“第六十点五条之一”、“第六十点五条之二”等。在此主要是对社区服务刑的适用原则、适用对象、适用条件、适用期限、执行机关等作出总括统领式的规定。比如，《刑法》总则中可规定：“社区服务刑由社区矫正机构予以执行。”“被判处管制、宣告缓刑的犯罪分子，应当同时决定适用社区服务刑。”“对于单处罚金的犯罪分子，可以同时决定适用社区服务刑。”其中涉及相关刑罚执行措施的，可将其置于相应的条文中。比如假释，可以对《刑法》第81条进行修改，增设第4款，其内容为：“对犯罪分子决定假释时，应当同时决定社区服务刑的适用。”也就是将此作为假释执行中的一个法定内容。同时，还可以对《刑法》第85条进行修改，增设第2款，其内容为：“对假释的犯罪分子，在依法实行社区矫正期间，应当由社区矫正机构执行社区服务刑。”换句话说，也就是将目前被判处管制、宣告缓刑、裁定假释的犯罪人在社区矫正中的无偿劳动予以法定化，被单处罚金的犯罪分子若法院同时决定适用社区服务刑的，进入社区矫正，由社区矫正机构予以执行。至于社区服务刑的行刑场地、行刑内容等可不于《刑法》总则中规定，其可由各地根据本地的实际情况规定于地方上的规范性文件中。

第十专题　社区矫正警察设置之探讨

社区矫正队伍建设不仅是社区矫正工作的内在要求，也是推进社区矫正工作的任务之一。其中，社区矫正警察的设置问题是近年来社区矫正制度完善的讨论中较为热门的话题，赞成和反对者都各抒己见，充分展示着自己的理论基础和实践需求，以至于成为我国社区矫正制度发展中一席充满智慧碰撞的盛宴。

一、我国的实践做法概览

我国自2003年首次在国家层面选取6个省市进行社区矫正试点之初，根据相关的规范性文件，社区矫正工作的执行机关仍然属于公安机关，司法行政机关只是负责牵头组织开展社区矫正工作。但是，实践中真正负责社区矫正工作的还是司法行政机关。导致公安机关作为执法主体而作为不大这种现象的原因，有学者归纳为三种，即一是治安任务繁重；二是工作性质不同；三是警力不足。① 直至2012年《社区矫正实施办法》的出台，才明确规定了司法行政机关负责指导管理、组织实施社区矫正工作。不过，在此之前由于法律没有赋予司法行政机关的监管和强制权且没有身份标识的职业服装而出现的一些境况并未得到改观，即由于“执法主体资格模糊，社区矫正官②在面对矫正对象时严重缺乏执法权威和执法力度，不仅服刑人员‘不服管教’，且执法身份屡遭挑战，执法合法性屡遭质疑，给社区矫正工作的严肃性和权

① 董纯朴：《建立中国社区矫正警察制度的构想》，载《公安研究》2013年第2期。

② 我国一些学者提出用“社区矫正官”来表述在司法行政机关中从事社区矫正工作的人员得到了普遍的认可。

威性带来较大障碍”。[①] 为此，我国有些地区较早就在实践中探索利用“警察”身份来解决现实中这类尴尬的问题（当然，社区矫正制度刚起步时也是为了解决监管服刑人员的经验缺乏问题）。

我国地方上将人民警察参与到社区矫正工作中的做法，总体来看主要有三种模式：[②]

第一种模式是抽调司法行政系统的人民警察到县（市、区）司法局从事社区矫正工作，最典型的是北京。2003 年 7 月，北京市监狱局和市劳教局首批抽调 31 名监狱劳教干警到试点区县参与社区矫正工作。之后，北京市尝试着将监狱劳教民警参与社区矫正工作制度化。2012 年《社区矫正实施办法》颁布后，江苏、安徽、云南、广西等普遍采用了此种模式。有的以挂职的方式，有的直接履职，但编制仍属于监狱戒毒机关。

第二种模式是劳教警察转岗从事社区矫正工作，典型代表是上海。2013 年劳教制度废止，上海于 2014 年在全国率先试点“派驻社区矫正民警”制度，选调 218 名原劳教部门民警转岗到区（县）司法局，直接从事社区矫正工作。不过，这些转岗派驻的民警身份仍然是戒毒警察。

第三种模式是成立社区矫正执法支队，直接授予警衔模式。2010 年广西钦州市司法所工作人员转为社区矫正警察，由市司法局党组书记、局长带领宣读誓词。警察编制由当地监狱管理局划拨。2010 年 3 月，湖北省武汉市司法局 31 名同志参加了社区矫正人民警察警务管理培训班，之后被列入人民警察警衔评授范畴。2011 年 8 月 10 日，四川省德阳市司法局成立全国首个社区矫正司法警察支队，实现社区矫正执法队伍专门化建设。

虽然我国在社区矫正的实践中出现多种依托警察的模式，但这些都存在着合法性的问题。我国 2012 年修改的《人民警察法》第 2 条第 2 款的规定：

---

① 但未丽：《社区矫正官执法身份的实然与应然》，载《首都师范大学学报（社会科学版）》2017 年第 2 期。现实中不仅有服刑人员“不服管教”的情形，还有可能产生误会的情况。有实践部门的同志描写到：（广西壮族自治区）那坡县司法局社区矫正科的干警到法院接收犯人，在法院大门被门卫拦住，问道：“干吗？”矫正民警回答：“来接收社区服刑人员。”不知是门卫听不清楚还是别的原因，门卫又问道：“你是社区服刑人员？”“……不是我，我是……”经过一番解释才进了法院大门。黄国仙：《浅议社区矫正干警的执法风险》，载刘强、姜爱东主编：《社区矫正评论》（第六卷），中国人民公安大学出版社 2016 年版，第 217 页。

② 郑艳：《社区矫正机构配备人民警察的现实考察与理想愿景》，载《中国司法》2016 年第 10 期。

"人民警察包括公安机关、国家安全机关、监狱、劳动教养管理机关的人民警察和人民法院、人民检察院的司法警察。"据此可以看出，"社区矫正警察"并不是我国的一个警种，而司法行政机关也没有设立新警种的权力，现实中由司法行政机关甚至基层的司法所设立的"社区矫正警察"存在违法之嫌。另外，我国警察从总体上来划分可以分为普通警察和特殊警察。普通警察就是公安机关的警察，这也是通常意义上所说的警察。特殊警察就是除普通警察之外的警察，比如人民法院、人民检察院内部设置的司法警察。"普通警察和特殊警察一个重要的区别在于，普通警察是在社会上执法，拥有最广泛和全面的执法权，而特殊警察是在特定范围内执法，拥有有限的执法权。"① 监狱和劳教警察（劳动教养制度废止之前，下同）属于特殊警察，他们应该只能在监狱和劳教机构内行使权力，故而监狱和劳教警察在社区矫正中行使警察权力有越权之嫌。

二、境外的现实状况举要

作为起源于英美等西方国家的社区矫正制度，在西方法治国家的发展已经比较成熟。然而，社区矫正中是否需要警察的参与或社区矫正执法人员是否设置为警察身份，各国或地区根据本国或地区的文化传统、经济社会状况、法律理念以及制度体系等方面的差异在此问题上也并不完全相同。

（一）美国

美国的社区矫正工作者主要是缓刑官和假释官，除此之外，还有准专业人员和社区志愿者，只是具有执法权的是缓刑官和假释官，他们虽然不是警察但具有公务员身份，分属联邦、州、市或县的政府司法部门。在美国，社区矫正工作者的准入标准一般都高于一般警察和监狱警察的标准，而且社区矫正工作者的社会地位和工资待遇也比一般警察高。另外，美国部分州还授权社区矫正工作者在工作中允许携带武器。"在美国联邦系统，94 个司法区中的 85 个允许联邦缓刑官携带武器，即 0.4 毫米口径的手枪。在允许携带和

① 司绍寒：《社区矫正警察队伍建设问题研究》，载《中国司法》2012 年第 4 期。

使用武器的司法辖区，对使用武器的培训包括使用武器的条件、射击技能以及对可以使用武器的危险处境的辨别等。"① 因此，美国的社区矫正工作者表面上看不是警察，实质上与警察无异。

（二）澳大利亚

澳大利亚的社区矫正官与监狱矫正官一样，都属于州矫正署的工作人员，只是其身份不是警察，但有统一的制式服装（和警察的服装很相似）和相应的装备，属于政府公务员，且时有轮岗。他们在从事社区矫正工作之前，首先要接受罪犯督导、面谈、个案管理及专业康复训练等方面的技能培训。澳大利亚的社区矫正官分为三类，一是缓刑与假释官，二是社区守法督导官员，三是社区罪犯服务司法所工作人员。因这三类人员的工作内容、工作强度不一样，对其资质要求和培训内容也不相同。②

（三）德国

德国由于是联邦制国家，刑罚执行都属于各州的事务，而各州的社区矫正制度又不尽相同。故而德国联邦司法部不负责缓刑、假释和行为监督的执行，这些工作都由州司法部进行管理。不过，负责缓刑、假释和行为监督的考验帮助人员作为州司法部的工作人员是由法院聘任，分为专职和兼职两类，其职责就是对被考验人进行监督和提供再社会化帮助。在德国，各州司法部和高等法院均设有专门机构负责对被缓刑、假释人的监督和帮教工作。一般来说，在矫正设施周围对囚犯的看守和照顾是州雇用的矫正官员的责任。每个矫正机构都有一个由公民组成的董事会，该董事会的运作既作为矫正机构与社会之间的桥梁，也作为囚犯与矫正机构管理部门之间的中间人。③ 在德国，社区矫正工作者不具有警察身份。

（四）加拿大

加拿大的矫正工作通常分为监禁矫正和社区矫正两个广泛的领域，其中社区矫正的专职工作者包括缓刑官与假释官。加拿大没有联邦缓刑，缓刑都

---

① 吴宗宪：《社区矫正比较研究（上）》，中国人民大学出版社 2011 年版，第 297 页。
② 陈国庆、陈惜珍：《社区矫正执法人员队伍建设探讨》，载《中国司法》2013 年第 10 期。
③ 陈俊生、郭华：《国（境）外社区矫正立法》，法律出版社 2013 年版，第 25 页。

是由省政府负责，缓刑官负责对缓刑犯进行监督；加拿大的假释分为联邦假释与省管假释，假释官负责对假释犯进行监督。① 加拿大的缓刑官与假释官不具有警察身份，因此，矫正局与警察局具有紧密的合作关系。比如，根据法律规定，当一个犯人在社区处于监督之下的时候，要求他们的假释官及时通知警察的事项有：第一，犯罪活动嫌疑；第二，违反释放条件；第三，接到警察的信息后采取相应行动；第四，发给犯人任何出行许可证。②

总之，从域外的情况来看，多数国家或地区的社区矫正工作人员一般都不具有警察身份。我国香港矫正的主管机关是惩教署和社会福利署，惩教署分管监禁，而社会福利署分管感化院和社会服务刑的罪犯，其工作人员就不具有警察身份。像英国的缓刑官也不具有警察身份，不过法律赋予其一定的强制措施。但是也有少数国家的社区矫正工作人员具有警察身份，比如，俄罗斯社区刑罚执行工作人员就具有警察身份，而且还享受军衔待遇。③ 新加坡也是由警察来管理社区服刑人员。

三、社区矫正警察设置之争议

关于我国社区矫正机构中的社区矫正工作者（主要是指执法主体或者是某些学者提出的社区矫正官）是否应当具有警察身份，或者是否设置一定数量的“社区矫正警察”这种新警种的问题，我们统称为社区矫正警察设置问题，赞成者和反对者的观点针锋相对，在学界展开了激烈的讨论。

（一）赞成的观点

赞成社区矫正警察设置的，在实务部门几乎得到了一致认可，在学界也得到了部分学者的呼应。归纳起来看，持赞成者们的理由主要有以下几个方面：

1. 刑罚执行的性质需要警察来实施。刑罚执行是国家对公民使用法律强

① 王平：《社区矫正制度研究》，中国政法大学出版社2014年版，第239页。

② 王珏、王平、杨诚主编：《中加社区矫正概览》，法律出版社2008年版，第376页。

③ 武玉红：《论我国社区矫正队伍专业化的配置》，载金川主编：《社区矫正机构队伍建设与教育矫正研究》，法律出版社2017年版，第139页。

制力最集中的体现，对公民的人身财产权利都会产生很大的影响，为保证刑罚执行的严肃性和对罪犯的威慑性，刑罚执行应由警察实施。社区矫正是限制人身自由的刑罚执行方式，涉及刑罚权的实现、社会秩序和公共安全的稳定，也会对社区服刑人员的人身、财产和隐私权利产生极大影响。因此，为了保证刑罚执行的严肃性，保持对罪犯的威慑力，社区矫正仍需要警察负责，应当设立负责社区矫正执行的警察队伍。① 类似的观点还有："从社区矫正的刑罚执行属性角度看，赋予社区矫正执法人员警察身份，更为符合刑罚执行的执法属性，有利于社区矫正工作的顺利开展，可以更好地维护社区安全，减少不服管教的情况发生。"② "社区矫正与监禁矫正一样，在本质上属于刑罚执行活动。刑罚执行活动具有严肃性、惩罚性、强制性。被实施监禁刑的罪犯由监狱或看守所的人民警察进行管理，刑罚执行活动的统一性也要求社区矫正有社区矫正警察参与管理。"③ 同样逻辑的论述还有："执行刑罚是人民警察的法定职责，根据我国现行法律规定，刑罚中的死刑、罚金刑和没收财产刑是由人民法院的司法警察执行或参与执行；死缓和有期徒刑是由监狱机关的人民警察执行；余刑 3 个月以下的有期徒刑（还有拘役——笔者注）是由公安机关看守所的人民警察代为执行。同样，对拘役（应为管制——笔者注）假释、暂予监外执行及缓刑等实行社区矫正的，也应由人民警察负责执行或参与执行，以保证法制的统一性。"④

2. 警察身份有利于开展社区矫正工作。在社区矫正的实践中，许多地方屡屡遭遇到执法中的尴尬情形。比如"社区服刑人员的言语顶撞甚至行为攻击，教育学习和社区服务中的软对抗；不按规定进行定期报告，拒不接受核查，走访考察遭遇冷板凳、闭门羹，甚至出现执法人员被打的现象"⑤。这些表明执法力量薄弱，需要警察身份执法队伍来予以解决。因为"由人民警察

---

① 司绍寒：《社区矫正警察队伍建设问题研究》，载《中国司法》2012 年第 4 期。

② 刘武俊：《社区矫正执法人员应有警察身份》，载 http://roll.sohu.com/20130205/n365613267.shtml，访问日期：2018 年 1 月 3 日。

③ 高贞、陈志海：《关于社区矫正机构队伍建设的研究报告》，载金川主编：《社区矫正机构队伍建设与教育矫正研究》，法律出版社 2017 年版，第 32 页。

④ 郑艳：《社区矫正机构配备人民警察的现实考察与理想愿景》，载《中国司法》2016 年第 10 期。

⑤ 江华锋：《关于社区矫正执法人员身份的理论探讨》，载金川主编：《社区矫正机构队伍建设与教育矫正研究》，法律出版社 2017 年版，第 150 页。

参与社区矫正工作不仅能增强执法的规范性，彰显执法的严肃性，而且可以有效震慑社区服刑人员，使其认识到自己的身份是在社区服刑的罪犯，强化其在刑意识，进一步提高监督管理的质量和效果，提高社区矫正刑罚执行的威慑力”。① 还有学者认为，统一和规范身份和服装有利于维护执法工作的严肃性，有利于维护我国法制的统一性，有利于增强工作的便利性，有利于增强刑罚的威慑力，有利于排除执法的干扰性，有利于提升社区矫正队伍的整体素质。②

3. 中国的国情需要设置社区矫正警察。在我国，“受现实社会环境和传统重刑文化的影响，群众认为，罪犯还是要警察来监管，这样群众才会有一定的安全感。同时，社区矫正警察面对社区服刑人员具有身份上和心理上的优势，社区矫正警察管理社区服刑人员，能够使他们有一种心理认同，有利于他们遵守矫正制度、接受教育矫正”③。也就是说，以警察的身份和标志来监管服刑人员不仅能够迎合人民大众对犯罪人的心理预期，也是对社区服刑人员自我身份定位起到持续的提示作用。

4. 即时强制需要警察。在社区矫正过程中，对于社区服刑人员的活动范围、接触人员、活动内容及迁居都有一定的要求和限制，特别是刑法引入了禁止令制度，禁止犯罪分子在执行期间从事特定活动，进入特定区域、场所，接触特定的人。但是，一旦社区矫正机构发现社区服刑人员违反禁止令的规定或者有逃跑、脱管以及其他违法犯罪行为，就需要对其立即采取强制措施，而此项权力非警察不能行使。④ 再如有学者在调研过程中了解的情况：司法行政部门工作人员在巡查的过程中，在某一地点发现了长时间脱离监管的社区服刑人员，考虑到这类社区服刑人员的人身危险性往往较大，司法行政部门工作人员由于缺乏进行抓捕活动的起码的工具、条件以及自卫手段等，不能贸然地直接抓捕，只能一边给公安机关打电话要求协助，一边监视该社区服

① 张国华：《探索社区矫正集中执法模式　切实加强社区矫正警察队伍建设》，载金川主编：《社区矫正机构队伍建设与教育矫正研究》，法律出版社2017年版，第176页。

② 吴宗宪：《社区矫正执法者身份标志规范化探讨》，载《法治研究》2015年第4期。

③ 高贞、陈志海：《关于社区矫正机构队伍建设的研究报告》，载金川主编：《社区矫正机构队伍建设与教育矫正研究》，法律出版社2017年版，第33页。

④ 司绍寒：《社区矫正警察队伍建设问题研究》，载《中国司法》2012年第4期。

刑人员。但是，公安警察往往短时间不能到达现场，等公安警察在长时间之后到达现场时，该社区服刑人员已经离开该地，使得司法行政部门工作人员在已经发现脱管的社区服刑人员的情况下，也难以将其抓获。① 因此，在这种即时强制时若具有警察的身份以及相应的工具和经验，也不至于发生脱逃的事件。

5. 社区矫正警察设置符合国际规则。1955 年通过的《联合国囚犯待遇最低限度标准规则》第 60 条第 2 款的规定（见后文），并没有排斥警察参与社区矫正。该规定仅仅意味着，对于假释犯的监督，不能由警察垄断，警察应当结合有效的社会援助开展对假释犯的监督。并且，联合国文件也有“硬法”和“软法”之分。“硬法”即具有强制性约束力的规范性文件，主要指协商签订后必须遵守的条约、公约、协定、规约等；“软法”是指号召有关国家和地区遵守但是不具有强制约束力的规则、准则、原则、宣言、指南等，“软法”没有强制性约束力。② 《联合国囚犯待遇最低限度标准规则》属于“软法”。还有学者认为，《联合国囚犯待遇最低限度标准规则》仅对假释的监督提出“非警察”的要求，而并未对社区矫正中管制、缓刑、暂予监外执行作出要求。而且，其中所指的警察应该是指普通警察，着眼点应是警察权力的特点而不是警察的身份。此外，《联合国非拘禁措施最低限度标准规则》也没有特别强调是否为警察身份。③

另外，在赞成社区矫正警察设置的观点中，也有部分学者同时认为并不是将所有社区矫正执法人员都变成为警察身份，也就是说社区矫正工作不宜全部由人民警察来承担，而是配备一定数量的人民警察。因为“社会性也是社区矫正的基本特征，帮助社区服刑人员重新融入社会是社区矫正工作的终极目标。社区矫正所有的工作任务都交由人民警察承担不利于社区矫正教育帮扶工作的开展，不利于社区服刑人员重新融入社会”。④ “主张把社区矫正官都变成警察，建立一支专门的社区矫正警察队伍来从事社区矫正工作，完

① 吴宗宪：《社区矫正立法中的警察问题探讨》，载《中国司法》2014 年第 11 期。

② 江华锋：《关于社区矫正执法人员身份的理论探讨》，载金川主编：《社区矫正机构队伍建设与教育矫正研究》，法律出版社 2017 年版，第 152 页。

③ 司绍寒：《社区矫正警察队伍建设问题研究》，载《中国司法》2012 年第 4 期。

④ 郑艳：《社区矫正机构配备人民警察的现实考察与理想愿景》，载《中国司法》2016 年第 10 期。

全由社区矫正警察主导社区矫正工作，可能是不恰当的。”“那些认为警察身份会妨碍社区矫正工作的进行、警察身份会改变社区矫正工作的风格、警察身份会影响社区矫正官素质的提高、增加警察种类或者数量不利于改善国家的形象等理由，都是有道理的，应当肯定这些理由的合理性。”① 因此，可以像审判机关、检察机关设立自己的司法警察一样，社区矫正机构也应当配置自己的司法警察。目前，这也是很多人的看法。

（二）反对的观点

反对社区矫正警察设置的，不仅对赞成者们的某些观点进行了反驳，同时也提出了一些自己的论证。将反对者们的理由可以归纳为以下几个方面：

1. 将社区矫正定性为非监禁刑罚执行和一种执法活动过于片面。赞成者站在社区矫正的性质属于非监禁刑罚执行的角度，简单地认为社区矫正与监狱就是执行的场所不同，本质上并没有变化，故而组织与实施社区矫正工作人员身份应当与监狱等同，都应是警察。这种否定社区矫正是一种社会管理的创新制度，而仅仅是将封闭性监狱转化成开放性监狱的认识，必然导致人们对我国社区矫正本质的诘问以及实行社区矫正制度的质疑。另外，以社区矫正是一种执法活动为由，认为不具备警察身份会在相应的执法过程中面临着诸多问题，从而组织与实施社区矫正工作的人员应当具有警察身份的看法也不全面。殊不知，目前具有执法职能的机关并非均属于警察，在执法过程中不同的执法部门均存在执法的特殊性。并且，若以此为由设立新的警种，将会引起其他执法部门的疑问以及有关部门在平衡其他部门身份上的疑虑，极易引起其他部门的不同说辞。因此，我们应将社区矫正定性为兼具刑罚执行与社会工作两种属性。也即社区矫正不仅涉及刑罚执行的方式，还包括监督考察以及教育矫正和社会帮扶等行政性、社会性的促进改善手段，且在特性上更应当偏重于社会工作的性质。基于此，实施社区矫正工作人员非警察化可能更有利于社区矫正对象的社会化推进，更有利于社区矫正制度在创新社会管理中发挥功能。②

---

① 吴宗宪：《社区矫正立法中的警察问题探讨》，载《中国司法》2014 年第 11 期。

② 郭华：《社区矫正工作人员身份问题探讨》，载金川主编：《社区矫正机构队伍建设与教育矫正研究》，法律出版社 2017 年版，第 65 ~ 67 页。

2. 警察身份不利于开展社区矫正工作。在社区矫正的实际工作中，社区矫正执法者需要经常性地接触社区服刑人员及其家人等，包括进入社区、家庭等地点对社区服刑人员开展工作。但是，目前在社会上，人们对于警察的接触十分敏感，如果警察身着警服接触某人或者进入某个家庭，就会在社区中、在该人及其家庭周围的其他人中产生较大的反响，使人们对警察接触的对象产生消极的联想、印象等。① 也正如有学者调研所了解到的，公安机关在传递司法文书的时候，警车和警服给社区服刑人员带来了不小的心理压力，容易造成邻居和其他社区居民的误解。甚至一些社区服刑人员对警察说，欢迎你们到我家中来，但是请你们不要穿警服。② 因此，以显见的警察身份从事日常的工作不仅会给社区服刑人员带来心理负担，扰乱他们的日常生活，而且也不利于社区矫正工作的开展。

3. 警察身份会影响社区矫正官素质的提高。从国内外的情况来看，警察的任职资格都是比较低的。根据我国《人民警察法》对警察的任职资格的规定是：（1）年满十八岁的公民；（2）拥护中华人民共和国宪法；（3）有良好的政治、业务素质和良好的品行；（4）身体健康；（5）具有高中毕业以上文化程度；（6）自愿从事人民警察工作。至于其他国家也是类似的要求。然而，从一些国家的情况来看，社区矫正官的素质普遍较高。比如，在一些国家要求缓刑官、假释官应具有大学以上学历。因此，在我国社区矫正工作的未来发展中，必须要逐步提高社区矫正官的素质，否则，他们无法胜任社区矫正工作。如果按照警察的任职条件要求他们，十分不利于提高他们的整体素质。③

4. 增加警察种类或者数量不利于改善国家的形象以及现实中也难以操作。随着人类社会的文明进步，人们越来越多地认识到，警察应当是为公民服务的普通公职人员，他们与其他公职人员的区别仅仅在于职责的不同。如果一

---

① 陈威仪：《浅析社区矫正执法人员是否应具有警察身份》，载《青年与社会》2013 年第 5 期。转引自吴宗宪：《社区矫正立法中的警察问题探讨》，载《中国司法》2014 年第 11 期。

② 刘强：《论健全适应惩教需要的社区矫正执法机构》，载金川主编：《社区矫正机构队伍建设与教育矫正研究》，法律出版社 2017 年版，第 99 页。

③ 陈威仪：《浅析社区矫正执法人员是否应具有警察身份》，载《青年与社会》2013 年第 5 期。转引自吴宗宪：《社区矫正立法中的警察问题探讨》，载《中国司法》2014 年第 11 期。

个国家的警察行使种种超越法律的权力，那么，这样的国家绝不是一个法治国家。如果一个国家中警察数量过多，就有可能使一个国家变成“警察国家”，而这是专制社会、“极权社会”中才有的现象，是与人类社会的文明进步大势背道而驰的。① 因此，我们不能轻易地增加警察的种类或数量。另外，在社区矫正机构中的执法者都是从事社区矫正执法工作的情况下，究竟让其中的哪些人成为警察？在大家都从事类似工作的情况下，如果让其中的一部分人成为警察，另一部分人如何对待？这是一个很难恰当解决的实际问题。②

5. 由警察管理社区服刑人员不符合联合国倡导的原则。《联合国囚犯待遇最低限度标准规则》第60条第2款规定：“刑期完毕以前，宜采取必要步骤确使囚犯逐渐纳入社会生活。按个别情形，可以在同一监所或另一适当机构内制定出狱前的办法，亦可在某种监督下实行假释，来达到此项目的；但监督不可委之于警察，而应该结合有效的社会援助。”这表明，联合国也不赞同由警察监管假释犯等社区服刑人员。③

不过，在反对社区矫正警察设置的观点中，也有学者虽然认为社区矫正机构并非国家机器，不应以国家暴力为后盾而实施强制改造活动。但同时认为，随着我国社区矫正工作的深入展开，接受社区矫正的群体数量正不断增加的状况，需要组织专门警力来履行押解、送监等工作。而在这一过程中，完全排除警察在社区矫正中的参与职能是不现实的。但是，基层派出所由于自身的社会管控工作十分繁重，有限的警力本已捉襟见肘，仍要赋予其行使社区矫正的权力，恐怕只会加重基层派出所办案负担，实践效果十分有限。因此，我们应当由监狱人民警察参与社区矫正工作，而非将警察机构常设化。理由有二，其一是在社区矫正机构的一般设置里没有警察序列，但是又需要警察介入处理特定事项；其二是随着符合条件的部分犯罪分子依法在监狱外

---

① 陈威仪：《浅析社区矫正执法人员是否应具有警察身份》，载《青年与社会》2013年第5期。转引自吴宗宪：《社区矫正立法中的警察问题探讨》，载《中国司法》2014年第11期。

② 吴宗宪：《我国社区矫正基层执法机构模式探讨》，载金川主编：《社区矫正机构队伍建设与教育矫正研究》，法律出版社2017年版，第50页。

③ 陈威仪：《浅析社区矫正执法人员是否应具有警察身份》，载《青年与社会》2013年第5期。转引自吴宗宪：《社区矫正立法中的警察问题探讨》，载《中国司法》2014年第11期。

完成服刑，监狱警察的警力相对比较富余。① 这实际上是对我国现实中的一些做法予以了肯定。这种思路的总体思想是不赞成设置专门的社区矫正警察队伍，但可以改变过去公安警察介入社区矫正的做法，而由监狱警察来介入社区矫正工作。当然，这也会导致作为特殊警察的监狱警察在社区矫正中行使权力有如前文所述的越权之嫌。

四、社区矫正警察设置之我见

上述对我国是否应当设置社区矫正警察的争议，无论是赞同的观点还是反对的观点，其实都有一定的道理。然而，从我国的历史文化传统和现实状况来看，笔者认为，目前设置社区矫正警察可能会迎合人们的普遍认知需求，也利于对社区服刑人员的监管，但从人类文明进程的长远目标来审视，社区矫正警察的设置是与社区矫正制度的发展理念背道而驰的。

为什么当下设置社区矫正警察的呼声如此之高，除了上述赞成的理由之外，笔者认为也可以从我国历史文化传统中找到其应当存在的条件因素。在赞成设置社区矫正警察的观点中，一般都会提到执行过程中提高威慑力需要警察的身份。的确，这不仅从监管一方的角度而言如此，就是从服刑人员的角度来看也是如此。这与我国几千年的历史文化传统中所形成的奴性思想有着一定的关联。奴性，是基于生存欲望，根据个人认知力在现实中的有限理性选择，表现为完全服从。它是暴力恐吓、利益诱惑和思想禁锢的产物。奴性可以概括为三个主要的特征：一是缺乏独立思想，二是缺乏平等精神，三是对权力顶礼膜拜。缺乏独立的思想是二千多年愚民统治的结果，罢黜百家、独尊儒术，一家思想独霸天下，人民只能接受一种思想，也就是只能接受官方规定的思想。缺乏平等精神体现在既不能平等对待别人，也不敢平等看待自己。这一方面是奴性文化奴役精神的结果，另一方面是残酷的权力奴役身体的结果，长期双重的奴役，造就了根深蒂固的不平等观念。对权力顶礼膜拜表现为两个层次，第一个层次是平民的官本位意识，第二个层次是社会精

---

① 陈卫东：《关于社区矫正立法的三点意见》，载《中国司法》2017 年第 9 期。

英嗜权如命地追求权力。对权力顶礼膜拜的原因主要有三个：第一个原因是官本位思想，即把做官作为人生的价值标准，用官阶的高低评价人生的成就，演变成一切向官阶看齐，当官成为人生追求的最高目标，权力成为图腾；第二个原因是权力的残酷，几千年的封建王权，可以为所欲为，平民对权力产生了恐惧；第三个原因是中国人对权力残酷的无奈，久而久之，恐惧与无奈便转化为敬畏了。① 奴性思想在长期的驯化过程中已根深蒂固，乃至于在当今生活的各方面都有所体现，即使是生活中的一些俗语也从一个侧面对其进行了折射，比如，“民不与官斗，穷不与富争”“只许州官放火，不许百姓点灯”“官大一级压死人”等。当然，在奴性思想的各种表现中，国人自始对警察的畏惧也是被规训的奴性体现。我们生活中经常能够看到对不听话的孩子用警察来进行吓唬的场景，甚至对于懵懵懂懂、不知世故的幼儿也会“搬出”警察。这也反映了人正是自己惧怕而将其也映射到别人身上的特性。警察本应是保护人民生命财产安全的，应当与老百姓是友好的“朋友”，但现实中奴性的需求使得警察往往过多地呈现出的是运用权力的暴力形象。正是国人骨髓里深藏着被规训的奴性根基，我国曾出现保安为了借助警察的威慑力，在警察制服几次变更的同时也随之效仿，无论是样式还是色调都能使人达到以假乱真的地步。故而，服刑人员何尝不会有如此之认知。现实中，实务部门深有感触，对一些服刑人员予以教育、帮扶换回的未必是尊重、理解，而予以动用警察进行威慑的恐吓反而会得到服帖的顺从。② 所以，在目前奴性思想还占据着思维潜意识的主导地位的现实中，社区矫正警察的设置有利于对服刑人员的监管，以至于提高监管效率，维护社会秩序。

当然，奴性是我国历史文化传统中形成的糟粕，为了社会的进步和发展，提高国人的素质和自信心，建设社会主义法治国家，使我国立于世界民族之林中于不败之地，对奴性的劣根性理应予以否定和摒弃。那么，在刑罚执行

---

① 360 百科“奴性”词条：https：//baike. so. com/doc/6141145 – 6354312. html，访问日期：2018 年 1 月 3 日。

② 也许有人会认为，对于社会上的“坏人”更不用说对服刑人员，警察的暴力形象所产生的威慑力是维护社会秩序应当具备的。这从表面来看的确如此，但我们所要达到的效果并不是“坏人”或服刑人员对警察的畏惧，而是他们对法律的臣服。正因为如此，社区矫正对象服从监管不应是对警察的畏惧，而应是对法律的遵从，至于谁来监管只要是合法的机构和人员就不应该有所区别。

领域，尤其是对于在社会上执行的社区矫正制度来说，设置透视着奴性需求的社区矫正警察毕竟是与社区矫正制度发展的理念背道而驰的。关于社区矫正的理念，学术界虽然存在着一些争议，但总体而言，一是从刑罚执行角度来探讨，二是从教育、矫正促使罪犯回归社会的角度来阐述。而且，现在学术界普遍接受的观点是社区矫正的理念具有二重性，即社区矫正具有惩罚性和福利性的双重理念。至于社区矫正的惩罚性，由于社区矫正针对的对象是服刑人员，故惩罚性是现实。而福利性是有别于其他和历史上刑罚执行的先进性的体现，故福利性是创新，这既是社区矫正制度设置的本源理念，也是社区矫正制度未来发展的主要趋向。换句话说，未来社区矫正制度发展的趋势必然是惩罚性逐步减弱，福利性逐步提升。另外，社区矫正适用的前提条件是一些社会危害性或人身危险性较小的罪犯，本身体现的就是一种福利性，若仍然需要警察的强制和威慑也不符合社区矫正制度设置的初衷。因此，在排除奴性而致的自我需求的因素后再来审视社区矫正制度，从常态来看，社区矫正警察的设置既不经济也没必要，即使是为了应对一些非常态的情况，如现今由公安警察予以处置已足矣，并且，这本身也是作为在社会上执法的普通警察的职责。至于现实中出现的一些人为的或制度的问题，我们要做的是如何从职业道德以及制度层面规制和协调好相关部门之间的关系。因此，在人类社会发展的历史征程中，对待犯罪和罪犯具有先进理念即福利性理念的社区矫正制度，是与透视着奴性需求的社区矫正警察设置相悖的。进言之，当社区服刑人员在接受矫正过程中的行为并非出于对警察的畏惧，而是因为对于法律的遵从时，社区矫正警察的设置还有必要吗？

第十一专题　社区矫正前的人格调查制度

人格调查①制度，是指在审判机关对被告人进行判决或实体处分前，由专门机构对犯罪人的犯罪背景、一贯表现等进行专门调查，并对其人身危险性和再犯可能性进行系统的评估，然后将调查与评估报告提交法院，供法院判刑时参考的一种制度。② 在作出社区矫正前对拟进入社区矫正的人员进行人格调查，近来已得到理论界和实务部门的一致认可，在相关的法律和规范性文件中也有一定的体现，但其中仍然存在着一些需要进一步探讨的问题。

一、我国社区矫正前人格调查现状

人格调查在我国最早是运用于对未成年人犯罪案件。为了贯彻《联合国少年司法最低限度标准规则》（以下简称《北京规则》）的公约要求，最高人民法院率先出台并于2001年4月12日起施行的《关于审理未成年人刑事案件的若干规定》，其中第21条明确规定："开庭审理前，控辩双方可以分别就未成年被告人性格特点、家庭情况、社会交往、成长经历以及实施被指控的犯罪前后的表现等情况进行调查，并制作书面材料提交合议庭。必要时，人民法院也可以委托有关社会团体组织就上述情况进行调查或者自行进行调

① 此外，还有审前调查、审前社会调查、量刑调查、前置调查等称呼，有些学者认为这些称呼与人格调查并不完全相同。的确，我国实践中并不仅仅局限于对"人格"的调查，还包括犯罪背景、人身危险性、再犯可能性等因素的调查，其实是一种综合性的调查。但是，在这些所需调查的因素中，人格是属于内因，人格调查是抓住了主要矛盾和矛盾的主要方面，用"人格调查"直接地体现出问题的重点。不过，在现有的境况下为了交流和叙述方便，在此笔者对各种称呼不予区分使用。

② 贾宇：《社区矫正导论》，知识产权出版社2010年版，第206页。

查。”随后，最高人民检察院于2002年4月22日发布了《人民检察院办理未成年人刑事案件的规定》（后于2006年、2013年进行了修订①），其中规定人民检察院可以对未成年犯罪嫌疑人进行社会调查，为办案提供参考。至2012年修订《刑事诉讼法》也将此以法律的形式予以确立，其中第268条规定：“公安机关、人民检察院、人民法院办理未成年人刑事案件，根据情况可以对未成年犯罪嫌疑人、被告人的成长经历、犯罪原因、监护教育等情况进行调查。”

除了程序法的规定之外，实体法虽然相对来说没有规定得那么明确，但相关规定中也体现了人格调查的因素。比如《刑法》对缓刑、假释的条件规定，尤其是《刑法修正案（八）》进一步明确规定缓刑和假释前需要“考虑罪犯对社区的影响”“不致再危害社会”，这实际上已经属于人格调查的应有内容。当然，针对社区矫正对象在社区矫正前进行人格调查的规定较为具体和明确的要属2012年“两高两部”出台的《社区矫正实施办法》，其中第4条规定：“人民法院、人民检察院、公安机关、监狱对拟适用社区矫正的被告人、罪犯，需要调查其对所居住社区影响的，可以委托县级司法行政机关进行调查评估。”“受委托的司法行政机关应当根据委托机关的要求，对被告人或者罪犯的居所情况、家庭和社会关系、一贯表现、犯罪行为的后果和影响、居住地村（居）民委员会和被害人意见、拟禁止的事项等进行调查了解，形成评估意见，及时提交委托机关。”而且，“两高两部”于2016年8月30日出台的《关于进一步加强社区矫正工作衔接配合管理的意见》中也规定：“人民法院、人民检察院、公安机关、监狱对拟适用或者提请适用社区矫正的被告人、犯罪嫌疑人或者罪犯，需要调查其对所居住社区影响的，可以委托其居住地县级司法行政机关调查评估。”同时，明确提出调查评估应作为裁定假释的必经程序。

---

① 2013年修订的《人民检察院办理未成年人刑事案件的规定》第9条规定：“人民检察院根据情况可以对未成年犯罪嫌疑人的成长经历、犯罪原因、监护教育等情况进行调查，并制作社会调查报告，作为办案和教育的参考。”“人民检察院开展社会调查，可以委托有关组织和机构进行。开展社会调查应当尊重和保护未成年人名誉，避免向不知情人员泄露未成年犯罪嫌疑人的涉罪信息。”“人民检察院应当对公安机关移送的社会调查报告进行审查，必要时可以进行补充调查。”“提起公诉的案件，社会调查报告应当随案移送人民法院。”

在实践中，地方上较早就对社区矫正前的人格调查进行了尝试。上海市的探索开始于徐汇区斜土街道，该街道于2003年率先开始尝试建立社区矫正前的人格调查以及对矫正对象量化测评实行分类管理。2004年，受上海市徐汇区司法局的委托，上海政法学院社区矫正研究中心尝试制定了属于统计式测评表，分为进入社区矫正前测评表和进入社区矫正后的测评表。① 贵州省织金县截至2012年12月31日接收省内外法院和监狱对拟适用社区矫正人员的委托共计364件，其中拟假释的304件，拟缓刑的14件，拟暂予监外执行的46件。织金县司法局共完成调查并出具综合评估意见296件（还有68件发文时处于正在办理中），其中，评估意见为"同意接受纳入社区矫正"的有155份，"建议监狱重新发函到罪犯家属居住地调查"的有8份，"不同意接收作为社区矫正对象"的有14份，没有明确的评估意见即"鉴于我县是毒情重点整治县，请监狱酌情考虑"的有119份。② 不过，由于相关的法律和规范性文件对社区矫正前的人格调查规定得较为原则，各地虽然出台了一些地方上的规范性文件，但这也导致各地在实践中的做法出现很大差异的状况。比如，就从人格调查的主体来看，青岛市市南区主要由区机关工委和区团委安排退休老干部和团干部作为人格调查员来进行人格调查；湖州市吴兴区人民法院除少年法庭的法官担任人格调查员外，还聘请了5名退休法官和辖区内5个街道的妇联主席担任人格调查员；南京市鼓楼区法院则由区矫正办在判决前进行人格调查的工作；宁波市海曙区法院委托具有合作关系的宁波大学法学院的学生进行调查。③ 因此，作为是否适合社区矫正的重要依据的人格调查，必须将其作为体系性的制度从国家层面进行整体性的建构。

---

① 武玉红：《社区矫正执行的前置程序——审前调查》，载张荆主编：《海峡两岸社区矫正制度建设研究》，法律出版社2016年版，第202页。

② 陈文：《适用社区矫正社会调查存在的问题与思考》，载刘强、姜爱东主编：《社区矫正评论》（第三卷），中国人民公安大学出版社2013年版，第199页。

③ 梅锦：《完善未成年人人格调查制度的思考》，载《江南论坛》2015年第4期。

二、域外社区矫正前人格调查概览[①]

（一）英美法系国家

1. 英国

英国判决前报告是对犯罪的性质和原因提供职业评估，调查那些可能加重减轻罪行的情节。社区刑罚的判决前提是存在判决前的评估报告。判决前报告由缓刑局提供，制作该报告的目的是帮助法院决定给予罪犯最恰当的刑罚或其他处理方法。报告的主要内容为：（1）评估犯罪人的动机和转变能力；如果有关系的话，应指出可以采取的改善犯罪人动机的行为。（2）指出犯罪人是否适合判处社区刑罚。（3）提出清楚而现实的旨在保护公众、减少重新犯罪的量刑建议；在必要时，提出包括监禁刑的量刑建议。（4）在提出缓刑令和结合令建议时，应当概括提出监督计划，其内容包括：提出这种量刑建议的目的和预期结果，可以采取的干预措施和方法，监督的级别。（5）提出特别条件方面的建议时，应当指出使用这些条件的要求。（6）提出宵禁令建议时，应当详细说明宵禁令的具体情况和对犯罪人可能产生的后果。（7）对于所有严重性犯罪或者暴力犯罪应当提出是否适合更多监督的建议。（8）在可能判处监禁刑时，要指出监禁刑对于犯罪人的家庭情况、目前的就业或者就学可能产生的影响。另外，量刑前调查报告还会涉及是否向被告人及律师披露量刑报告内容的秘密性问题。

2. 美国

美国判决前调查报告制度是美国决定是否对有关犯罪人适用社区矫正的基本依据。法院在作出判决前要求社区矫正机关对犯罪行为人进行判决前的调查。调查的主要任务是评估犯罪行为人可能给社区带来的危险程度，并且确定该犯罪行为人的矫正要求。美国对社区矫正的评估制度主要包括的内容为：（1）评估原则。美国对社区矫正的适用评估采用刑罚个别化原则，即刑罚的适用要根据行为人的犯罪行为对社会危害程度的轻重和行为人人身危险

① 陈俊生、郭华主编：《国（境）外社区矫正立法》，法律出版社2013年版，第52～59页。

性的大小具体裁量和执行刑罚。(2) 评估部门。一是由缓刑部门进行危险性评估，其评估报告作为缓刑部门管理社区服刑人员的重要参考；二是由假释部门进行危险性评估，评估对象是监狱中服刑的犯人，其主要作用是在决定是否批准假释时参考，以及在管理假释犯过程中作为参考。[①] (3) 评估方法。美国不同司法管辖区的“危险—需要”评估方法有所不同，但是所有的评估工具都包含两个维度：[②] 一是危险维度，用来衡量犯罪人重新犯罪的可能性大小；二是需要维度，用来确定对犯罪人提供帮助的方面和迫切的程度。(4) 评估基本内容。美国对社区矫正的适用评估采用《判决前调查报告》，其内容主要包括五部分，即第一部分是犯罪；第二部分是过去的记录；第三部分是个人和家庭的情况；第四部分是对被告人的评价，对犯罪进行的分析，提出可选择的计划；第五部分是建议。

3. 澳大利亚

澳大利亚社区矫正来自三个渠道：一是被地方法院直接判决非监禁刑的；二是法院判决执行完监禁刑后再执行非监禁刑的；三是假释委员会决定假释的。[③] 在澳大利亚，从罪犯被指控关进监狱（羁押中心）开始，就对每一名罪犯进行危险性综合评估，并分别制订适合的矫正方案。评估的内容主要包括对社会的危害程度、对监狱的潜在危险、对其他罪犯的潜在危害等方面。另外，增加的量刑评估就是对地方法院作出判决时的评估和假释委员会作出决定时的评估。

4. 加拿大

在加拿大，从量刑时开始，一般就由个案工作人员协调所有关于犯人信息的收集，如通过警察、法庭、缓刑、家庭、雇主等渠道收集信息资料。在处遇规划和监狱监督方面，他们为作出决定（假释委员会和释放）准备案件材料负责，提供社区监督。当犯人已被移交之后，由设置在犯人所在社区的个案工作人员开始进行处刑后的社区调查。处刑后的社区评估报告包含担保的信息源，个案工作人员能够发现犯人与重要的其他人们（如家庭和雇主）

---

① 种若静：《美国社区矫正制度》，载《中国司法》2008 年第 10 期。

② 吴宗宪：《社区矫正比较研究》（上），中国人民大学出版社 2011 年版，第 330 页。

③ 李冰：《澳大利亚的社区矫正制度》，载《中国司法》2005 年第 7 期。

之间的关系性质，在监禁期间或在释放时与犯人将来联系的影响，以及犯人回归社会时其他人准备提供的支持力度。对于准备假释的犯人要由矫正局提供材料，假释委员会组织听证会，罪犯在会上陈述，矫正官员介绍情况，听证小组可随时插话、提问。休会后由听证小组作出书面协议，然后报假释委员会决定。

（二）大陆法系国家

1. 德国

德国社区矫正前的人格调查是审判法官在审判过程中予以判决，其内容主要是对矫正对象的人身危险性或重新犯罪风险、矫正对象需要以及矫正质量所作的预测或评价。在德国，被告人被缓刑交付考验必须考虑其人格、履历、犯罪情节、事后态度、生活状况和缓刑对他的影响。对于余刑缓刑交付考验在不能排除被告人提前释放与公共安全冲突的可能时，则委托专家对其是否具有危险性进行鉴定。社区矫正评估主要是解决社区矫正对象再犯风险预测的可能性与可信性。

2. 日本

日本在犯罪者被判处适用更生保护前必须对其进行适当的评估，保证其不再对社会有危险性，不会对社会再次实施犯罪。为了保障犯罪人的合法权益，日本《更生保护法》规定，即使刑事设施负责人没有进行上述的申请，地方委员会认为必要时，也可以启动是否准许假释放或者假出场的审理。同时，地方委员会在依法启动上述审理时，应当首先听取收容审理对象的刑事设施（被留置于劳役场的情形，附置于该劳役场的刑事设施）负责人或青少年院院长的意见，在认为必要之时，也可以通过与审理对象会面、询问有关人员以及其他方法进行调查。在进行上述调查时，可以向收容审理对象的刑事设施（被留置于劳役场的情形，附置于该劳役场的刑事设施）或者少年院的职员听取参考事项、与其面谈交流以及请求协助。地方委员会在判断是否准许假释放的审理时，作为组成人员的委员必须与审理对象进行会面。但是，认为审理对象因严重疾病或伤害难以会面时，或者认为属于法务省规令规定的没有必要会面的情形时，不在此限。

（三）我国港澳特区

1. 香港

在香港特区，感化主任在法庭认为行为人构成犯罪且该罪可被判处监禁刑的情况下，针对14岁或以上的同意接受社会服务令的违法者向法庭提交一份调查报告，向法官说明该罪犯是否适合判处该刑罚。感化主任至少应当从社区利益、违法者利益、实务要求三个方面进行综合分析。调查报告往往会涉及违法者的社会背景、评估犯罪的需要（如罪犯与家人的关系及沟通现状、社交及分析能力、心理或精神状况等）以及评估犯罪的危机（如曾是否接受或违反感化令或社会服务令、刑事记录、对目前犯罪行为的态度、一年内是否曾滥用药物及现时与黑社会的关系）。

2. 澳门

澳门地区在可容许被判刑者假释之日两个月前，社会重返厅须向法官提供一份调查报告，分析刑罚对被判刑者人格所起的作用、其家庭及职业背景以及重新适应社会生活的能力及意愿，对于被监禁超过五年的，还要为其制定重新适应社会之个人计划。被判刑者一旦获得假释，必须到社会重返厅接受社区矫正。社会重返厅将安排社会重犯技术员为其提供支援服务及监督假释义务的履行，并且每三个月定期向法院交报告，刑期结束时交终期报告，再由法院给予其确定性自由。

三、社区矫正前人格调查制度的主要内容

（一）人格调查的原则

1. 回避原则。为了保证调查结果的客观公正，社区矫正前的人格调查也应实施回避原则，即进行人格调查的调查人员与案件当事人或案件的处理结果有利害关系的，应当予以回避。回避即可由当事人予以申请，也可以由有关机关依职权作出。当事人的回避申请“应在规定的程序阶段内提出并由受托机关结合案件在法定期间做出回避的决定。其中应当回避的人员包括：该案件当事人或者当事人的近亲属；与本案有利害关系的人；与本案当事人有

其他关系，可能影响调查评估结果公正的”。① 有关机关依职权作出的回避，既包括有关机关主动作出的回避，也包括调查人员主动向有关机关提出而由有关机关决定的回避。

2. 保密原则。所谓保密的原则，就是调查人员在进行人格调查的过程中，接触了解到被调查者的隐私在所难免，对于此，调查人员应当具有保密的义务。在现有的实践中，对被调查人的隐私予以保密还没有引起足够的重视，②这不利于人格调查制度的有效运作，也有损司法行为在人们心中的严肃性和敬畏心。不过，调查报告内容可否让被告人了解，是需要进一步探讨的问题。③

3. 客观公正原则。客观公正原则就是要求调查人员本着实事求是的态度，以事实为根据，以法律为准绳，对适合进行社区矫正和不适合进行社区矫正的各种因素都进行全面的收集调查，尽量不要掺入自己的主观随意性和个人的价值判断，对所获得的各种数据都客观地进行评估。只有坚持客观公正原则所作出的调查报告才能成为法官进行判断时的客观依据，如此得出的结论无论是针对罪犯本人还是对于社会才是效率最大化的，法律效果和社会效果也是最佳的。

（二）人格调查的主体

对于人格调查的主体，我国自量刑规范化改革开展试点工作以来，各地法院对此就进行了一些有益的探索，大致来看主要有以下几种做法：一是由社会志愿者担任调查人员；二是由法庭的法官亲自参与调查；三是由司法行政机关的司法助理员担任调查人员；四是由专业的社会工作者担任调查人

---

① 赵爽：《社区矫正前置调查评估制度现状与对策探析》，载《净月学刊》2017 年第 2 期。

② 同样，有些调查人员对相关单位和人员进行“大张旗鼓”的走访调查，不仅给调查对象也给其家人造成了很大的心理压力。

③ 在美国，有人提出，量刑前调查报告的内容让被告人了解有一些重要的价值。例如，可以使他们有机会发现不准确、不完整或者有其他错误的信息并加以改正。同时，这也是一个基本的正当程序，因为量刑是刑事司法过程中具有重大意义的关键性活动，这样的活动应当以准确而完整的信息为基础；向被告人及其律师披露量刑前调查报告的部分信息，有利于改正其中的不准确信息。吴宗宪：《社区矫正比较研究》（上），中国人民大学出版社 2011 年版，第 110 页。

员。[1] 除此之外，还有律师自行调查的。对于这些不同的调查主体，多多少少也受到了人们一些质疑，比如，社会志愿者的调查不仅在时间、精力、专业知识等方面难以保证，而且对于这种有关被调查者具有重大利益的司法活动来说也有失其严肃性。法官的调查会导致先入为主而违背其中立性的原则。律师调查也由于其利益的选择会产生倾向性而有失调查结果的客观性，等等。于是，2012 年的《社区矫正实施办法》明确规定了调查评估的机关是县级司法行政机关，也就是认可了上述第三种做法。对此，仍然有学者认为，由于司法行政机关并非社区矫正工作实体，因此，在现实社区矫正实际管理的框架下，为了实现司法资源的有效利用和调查人员的合理组成，可由司法所来行使调查职能（在现实中真正调查的主体往往是基层司法所——笔者注）。并且认为，基层司法所承担着对社区服刑人员的监管、改造、帮教的任务，被调查对象如果被判处社区刑罚，先前的调查工作能够为随后矫正工作的开展打下基础，便于矫正机构有的放矢地提出矫正方案。即使是最终被判处监禁刑的，调查报告对于刑释人员回归社会后的帮教也具有延伸意义。[2] 对此笔者表示赞同。因为这既符合我国目前的实际情况，具有现实可行性，也可以保证未来调查人员为专业素质的进一步提升提供了前提条件（由于司法所工作人员属于公务员，可在招录的条件中予以设置一些具有导向性的专业或相关要求）。至于设置专门的人格调查机构问题，从我国的现实状况来看是不可行的，若为此设置专门的机构，类似需要设置的专门机构会增加很多（无论是针对未成年人还是针对女性人员等类似的探讨非常之多），必然导致我国机构的肥大症。

对于人格调查主体的资质，目前并没有规范上的要求。但是，由于人及其所处的社会关系时刻处于运动变化之中，同时认识主体与认识客体之间本身又存在着难以逾越的时空差距，因此人格调查工作异常艰难。要想保障评估结果的客观性和准确性，就必须要尊重目前已有的关于人及人类社会发展

---

① 席小华、杨新娥：《量刑规范化改革背景下关于司法社会调查主体的思考》，载《法学杂志》2011 年第 4 期。

② 武玉红：《社区矫正执行的前置程序——审前调查》，载张荆主编：《海峡两岸社区矫正制度建设研究》，法律出版社 2016 年版，第 206 页。

变化规律的研究成果。比如社会学、心理学、犯罪学、教育学等。[①] 也就是说，对于专业性较强的人格调查而言，科学知识的训练是人格调查人员开展工作的前提条件。为此，提高调查人员的专业素养和能力是人格调查制度发挥应有效果的重要环节。故而，从长远发展和现实状况来看，对此可以从招录时提高门槛和对现有人员进行针对性的培训两个方面予以完善。

另外，我国目前对于调查人员的人数要求也没有明确的规定，有些地方上的规范性文件反倒有相应的规定。比如，《浙江省社区矫正审前调查实施办法（试行）》中规定调查人员不得少于两人，司法所调查人员不足两人时，县级司法行政机关应当派员或指派其他司法所的工作人员参与调查。若从规避影响调查客观真实性的干扰因素角度来看，调查人员至少两人是应当的，同样，这也是为了相互佐证，是对调查人员的一种保护。不过，目前基层司法行政机关能够从事调查工作的人员相对匮乏，其本身就承担着其他一些繁杂事务，若要求进行人格调查至少两人，其可操作性具有一定的难度。因此，根据我国现有的实际情况，目前对于人格调查人员的人数还不宜做强制性的要求。

（三）人格调查的对象

人格调查的对象在理论上的探讨存在一定的争议。有人认为，根据《刑事诉讼法》第 15 条的规定，相应的司法机关可以根据“情节显著轻微、危害不大、不认为是犯罪的”规定，对涉案犯罪人给予“撤销案件、不起诉、终止审理或宣告无罪”的处理。而其中的“情节”就需要结合到具体的犯罪事实和未成年人的人格状况进行综合考量。从保护未成年人利益的角度看，能够在侦查阶段根据其人格状况认定为不构成犯罪的，就没有必要拖到审查起诉和审判环节。[②] 也就是说，人格调查的对象可以是处于侦查阶段的犯罪嫌疑人。还有人认为，检察官为了作出理性正确的起诉决定，除了要考虑涉嫌犯罪行为的严重性及相关证据外，还需要考虑公众利益以及是否有追诉的必要等因素，而这就会涉及一个共同问题即对被追诉人人身危险性的评估，因此，

---

① 席小华、杨新娥：《量刑规范化改革背景下关于司法社会调查主体的思考》，载《法学杂志》2011 年第 4 期。

② 梅锦：《完善未成年人人格调查制度的思考》，载《江南论坛》2015 年第 4 期。

人格信息的获取就必然会指向对犯罪嫌疑人的人格调查。[①] 但是，笔者认为，犯罪嫌疑人不应成为人格调查的对象。这不仅有违无罪推定原则，而且，当被告人经过庭审被判无罪时，前期所做的调查评估就有浪费司法资源和侵害公民隐私之嫌。[②] 并且，所进行的调查会给嫌疑人本人及家庭成员带来较大的负面影响，给他们造成极大的心理压力，即使是最后还给了嫌疑人一个清白，但给他本人及其家人造成的不利影响后果是难以消除的。因此，处于侦查和起诉阶段的犯罪嫌疑人不宜作为人格调查的对象。那么，能够作为社区矫正前人格调查对象的应该是处于审判阶段的被告人（可能被判处管制和宣告缓刑的）和正在服刑的罪犯（可能被裁定假释和决定暂予监外执行的）。其实，对于被告人进行人格调查也会存在上述类似于对犯罪嫌疑人的人格调查而产生有违无罪推定的原则。但是，根据我国没有将定罪与量刑予以分开，其权力集中于法官的现实，对被告人量刑前进行人格调查并不会影响司法过程的法律效果和社会效果。

我国目前社区矫正的对象是四类罪犯，即被判处管制的、被宣告缓刑的、被裁定假释的以及被决定暂予监外执行的。对此，有人认为，管制是人民法院依照《刑法》等相关法律明文规定具有相应的量刑情节时就应当适用的刑罚，其本身就是一种非监禁刑，不需要考虑社区影响，应当适用社区矫正。同样，暂予监外执行也是由《刑事诉讼法》《监狱法》明确规定了执行条件，决定主体不存在行使自由裁量权的问题。又由于社区矫正期间主要是强化监管，教育矫正和帮助其再次融入社会的作用不明显。所以，判处管制和决定暂予监外执行，是因符合法定量刑情节而依法独立作出相应的裁判，管制中的酌定情节也只是对量刑期限有影响，人民法院作出这两种形式的裁判，审前社会调查的重要性不大。[③] 笔者认为，若从法律对他们的适用条件进行规定来看，每种对象都有相应的条件限制，将此作为否定对他们进行人格调查的理由，也就是对所有对象进行人格调查的否定。因此，被判处管制的和决定

① 康黎：《论被追诉人人格调查》，载《西部法学评论》2012 年第 2 期。

② 邓陕峡：《我国社区矫正审前社会调查评估研究——以法院委托调查为视角》，载《昆明理工大学学报（社会科学版）》2015 年第 4 期。

③ 郑艳：《社区矫正审前社会调查评估制度之程序构建》，载《行政与法》2014 年第 5 期。

暂予监外执行的都应成为人格调查的对象。毕竟他们都是犯罪人，都存在着危害社会的可能性，而且，对他们进行教育、矫治、帮扶也需要相关的信息和资料。

（四）人格调查的内容

关于人格调查的内容，我国相关法律和规范性文件并没有作出限制性的规定。而在国外，既有开放式的立法规定，也有封闭式的立法规定。开放式的规定有利于避免遗漏之前没有预测到特殊对象或特殊情况的发生而需要调查的内容，但这样也可能会导致调查人员根据自己的判断对有关内容的选取所造成客观性的偏差。封闭式的规定利弊恰恰与此相反。鉴于人格调查的复杂性和影响因素的广泛性，我国对此不做强制性的规定即开放式的规定是比较合理的。这不仅是因为我国的人格调查制度起步较晚，还处于探索阶段，有待于进一步的实践并进行经验总结来予以完善，而且还由于我国地区之间的历史文化传统、经济发展水平、犯罪形态分布等都存在较大的差异，并不适宜将调查内容作统一的限制。那么，根据现实中的做法，有实务部门的同志将社区矫正前人格调查的内容归纳为：（1）了解被告人或犯罪人家庭、父母和兄弟姐妹的情况，包括住址、职业、资产、健康状况，父母的个性，家庭和睦情况，家人生活规律，家庭的理想程度。（2）被告人或犯罪人学历、学习成绩、嗜好、对学校老师的态度、退学理由与升学愿望。（3）居住地和近邻的情况，近邻对被告人或犯罪人的信任和感情程度，以及家庭迁移的情况，被告人或犯罪人过去及现在的交友情况。（4）就业历史，转退职业和理由、出勤状况、工作成绩、对工作抱有的希望和态度、与同事的关系。（5）被告人或犯罪人过去与现在的经济收支情况、资产、负债的理由、偿还的能力与计划。（6）被告人或犯罪人的道德品质、宗教信仰、娱乐、习惯、兴趣。（7）婚姻与生活情况。① 据此可以看出，可以反映被调查人人格情况的因素错综复杂，需要调查人员在实际工作中随机应变，也进一步证明了人格调查工作的繁杂性。

---

① 张筱：《论社区矫正前人格调查制度》，载刘强、姜爱东、朱久伟主编：《社区矫正理论与实务研究文集》，中国人民公安大学出版社2009年版，第269～270页。

（五）人格调查的方法

人格调查的方法在我国目前没有明确的规定，故而在各地的具体实施中也不一致。有人将实务中的方法总结为三种：一是书面调查式，即将事先拟制的书面问卷或调查表格交被调查者填写；二是实地调查式，即调查人员亲赴被追诉人家庭、学校、单位及社区对相关人员进行个别询问和访谈；三是混合式，即将书面与实地调查相结合，在对被调查者进行书面问卷的基础上开展实地走访调查。① 我们再来看看美国缓刑量刑前调查的方法。首先缓刑官要与被定罪的犯罪人进行交谈，这种最初的交谈被称为“最初面谈”。最初面谈通常是在缓刑官的办公室中进行，如果犯罪人已经被拘留或者被逮捕，就在看守所中进行。当然，这种情况下，最初面谈也可能在犯罪人的家中进行，这样也会给缓刑官提供了了解犯罪人家庭状况等信息的机会。家庭面谈还给缓刑官提供了证实一些信息的确实性的机会，他们不仅可以通过实地观察证实某些信息，还可以通过和犯罪人的其他家庭成员面谈来证实有关信息。在最初面谈之后，缓刑官就要开始范围更加广泛的调查和查证工作。缓刑官要通过与犯罪人有关的人员、机构等来进一步了解和犯罪人有关的更多信息，查证犯罪人本人提供的信息是否确实。这种调查和查证工作既可以通过与有关人员的面谈进行，也可能是通过在有关机关的机构中查阅档案资料等方式进行。如果时间允许，缓刑官还与所有有可能了解犯罪人情况的人，包括犯罪人的家庭成员、朋友、老师、办案警察、检察官、辩护律师、被害人及其家庭成员、雇主等，进行面谈。在某些案件（如交通肇事）中，缓刑官还应该到犯罪案件发生的地方，现场了解与犯罪案件的发生有关的情况。在进行调查和查证工作之后，就可以进入案头写作阶段，开始撰写量刑前的调查报告。② 据此可以看出，美国是非常注重实地调查的。因为实地调查是最直观的，也是调查人员自己直接获得的信息，其最接近客观真实。所以，实地调查应是人格调查中必须的且起主导作用的调查方法。当然，在实地调查的过程中，不排除进行个别的询问，甚至是询问事先准备好需要了解的一些问题。

---

① 康黎：《论被追诉人人格调查》，载《西部法学评论》2012 年第 2 期。

② 吴宗宪：《社区矫正比较研究》（上），中国人民大学出版社 2011 年版，第 105 页。

（六）人格调查的程序

目前，我国对社区矫正前人格调查的程序并没有具体的规定，各地的做法也存在一定的差异。为此，有人提出人民法院在社区矫正前人格调查的程序大致流程应当为：人民法院向被告人、罪犯户籍所在地或经常居住地的县级司法行政机关发出委托调查函。县级司法行政机关收到委托调查材料后，及时将调查任务指派给调查对象户籍所在地或经常居住地的司法所。司法所接受指派任务后，及时指派专职工作人员在规定的时间内完成调查任务。调查结束后，通过对调查进行充分论证，经过集体研究，形成准确的综合评估意见。就拟矫正对象社会危险性和再犯可能性以至于能否适用社区矫正提出建议，并将相关调查材料一并报送县级司法行政机关。县级司法行政机关认真审查司法所提交的调查报告及材料。如有疑问，应责令其进一步调查核实；无异议的，由县级司法行政机关负责人签署意见（盖章），送达委托机关。① 笔者认为，该程序设计总体较符合我国的现实状况，也具有一定的可操作性。不过，为了发挥检察监督的作用，不仅要求县级司法行政机关将调查报告送达委托机关的同时，还应将调查报告抄送同级人民检察院，② 而且，委托机关在收到县级司法行政机关的调查报告后对其采信与否，也应给予书面回执并说明理由，并同时抄送同级人民检察院。这不仅体现了检察院的监督职能，也体现了委托机关对调查机关的尊重，③ 当然也是对委托机关的一种制约。另外，当委托机关与调查机关的意见达不成一致时，为了保证社区矫正适用的公平公正，可以通过召开联席会议的方式，协商讨论，从而做出最终的决定。

（七）人格调查的时间

对于人格调查的时间，2016 年 8 月 30 日最高人民法院、最高人民检察院、公安部、司法部联合发布的《关于进一步加强社区矫正工作衔接配合管

---

① 肖春竹：《论影响社区矫正审前调查的因素及排解方法》，载《犯罪与改造研究》2013 年第 7 期。

② 2016 年 8 月 30 日最高人民法院、最高人民检察院、公安部、司法部联合发布的《关于进一步加强社区矫正工作衔接配合管理的意见》中规定：“评估意见同时抄送居住地县级人民检察院。”

③ 现实中，不仅法院不告知司法行政机关对调查报告的采信情况，甚至出现当调查报告递交时法院已作出裁判。这种将人格调查作为“走过场”的形式主义，既是对调查人员的不尊重，严重挫伤了调查人员的积极性，又是对社区矫正前人格调查制度的轻视，严重违背了司法行为的严肃性。

理的意见》中第3条规定："居住地县级司法行政机关应当自收到调查评估委托函及所附材料之日起10个工作日内完成调查评估，提交评估意见。对于适用刑事案件速裁程序的，居住地县级司法行政机关应当在5个工作日内完成调查评估，提交评估意见。""需要延长调查评估时限的，居住地县级司法行政机关应当与委托机关协商，并在协商确定的期限内完成调查评估。"在此之前，我国各地规定的并不一致，有些地区规定的时限太短，明显不具有合理性，故而这也成为有些地区实务部门反映比较强烈的问题。比如，江苏省有基层司法局的同志反映，他们自接到法院委托函及罪犯起诉书之日起，由司法所在5个工作日内完成罪犯的审前调查评估工作，然后形成社区矫正评估意见报告提交法庭，作为庭审量刑的重要参考依据。这在实际的操作中很难按要求完成，尤其是异地法院的委托。由于调查人员需要走访被告人工作单位（学校）、社区、被告人户籍地（经常居住地）派出所、家人等，然后，再由司法所提出综合评价意见，形成调查报告提交县司法局审核。这样如此繁杂的工作，要在短短几日内完成，即使对于本地籍被告人已十分紧迫，如果遇到外籍地的被告人就更难应付。如此一来，导致的后果就是报告的内容大多流于形式，参考价值不高或缺乏真实性。① 当然，导致这种情形的原因可能会有多种，但从法制的体系性角度来看，正如有学者所说的："一般情况下，我国检察院审查批捕的期限为七日，审查起诉的期限为一个月；法院对普通程序案件一审的审限为一个月，简易程序案件为二十日。诉讼期间的这些规定并未考虑人格调查的需要。因此，在人格调查引入刑事诉讼而相关诉讼期间不变的情况下，为使人格调查适应诉讼节奏，许多地方不得不将调查时间限定在七日以内。"② 不过，有些地区规定的时限相对来说较为长些。比如，安徽省"两院两厅"出台的《关于适用社区矫正社区影响评估暂行办法》第19条规定："县级司法行政机关应当自接到《社区影响评估委托书》之日起10日内完成社区影响评估工作。特殊情况需要延长的，应及时与委托机关协商。"而浙江省最长可达15个工作日。笔者认为，人格调查用3个至5

---

① 陈黎明：《社区矫正调查评估工作存在的问题及对策》，载刘强、姜爱东主编：《社区矫正评论》（第三卷），中国人民公安大学出版社2013年版，第204页。

② 康黎：《论被追诉人人格调查》，载《西部法学评论》2012年第2期。

个工作日相对来说比较急促，尤其是走访地点较为松散的情况下，不利于按质按量地完成人格调查的任务，导致敷衍了事的形式化结果成为必然。若时限太长，也将影响法院庭审的进程和被告人的羁押期间。因此，从现实中需要走访的主要的几个地点来看，将人格调查的时限规定为7个至10个工作日较为合理，为了防止特殊被告人或案件特殊情况的需要，可在征得上级司法行政机关同意的前提下适当延长调查时限，但最长不超过15个工作日。至于《关于进一步加强社区矫正工作衔接配合管理的意见》中对需要延长时限的由居住地县级司法行政机关与委托机关进行协商的规定，笔者认为不可取。因为在现实中，县级司法行政机关与委托机关表面上处于平等的地位，实际上还是委托机关主导着话语权（相关规定中的"可以委托"也是规范中有所体现的表征之一），很可能协商的结果其实就是委托机关的决定，这样不利于保护司法行政机关的权益。另外，若允许协商确定而没有最高期限的限制，不仅不具有实践的可操作性（具有不确定性），而且这也将前面的时限规定变得毫无意义。

（八）人格调查的报告

人格调查的结果需要以书面的形式表现出来予以递交，这就是人格调查报告。从我国各地的实践来看，主要存在三类调查报告形式，即"固定表格式""材料堆砌式"和"自由叙述式"。有人认为，"固定表格式"报告虽然工整规范，让人一目了然，但它过于程式化，限制了报告制作人的自由发挥，使其无法书尽其言。"材料堆砌式"报告虽然具有较强的客观性，但内容杂乱无章，不利于司法官员迅速审查作出判断。"自由叙述式"报告系调查人员在原始调查资料基础上经系统归纳整理自由撰写而成，既避免了材料堆砌式报告的零乱芜杂，又打破了固定表格式报告的程式化，可因案而异、灵活详尽地对被追诉人人格状况作出描述分析，因此，人格调查报告应采用"自由叙述式"。① 不过，笔者认为，"自由叙述式"和"材料堆砌式"其实质上并无区别，调查人员具有过大的自由发挥空间，极易导致调查人员根据自己的便利和喜好进行筛选，这种介入调查人员价值判断过多的报告，其客观性将大

① 康黎：《论被追诉人人格调查》，载《西部法学评论》2012年第2期。

打折扣。相比较而言，“固定表格式”有利于实践部门的操作，节约调查人员的时间，增强调查活动的严肃性和严谨性，缩小不同地区在适用上的差异性，从而有利于公平正义价值的实现。至于“固定表格式”过于程式化的弊端，可以通过两种途径将其压缩到最小：一是提升表格内容设计的科学性，二是给表格内容留有一定的开放空间，也即根据因地制宜、具体情况具体对待而表格中没有但又需要特别予以说明事项留出“空地”。

第十二专题　社区矫正中的禁止令有关问题

产生于西方的禁止令现已登上我国的历史舞台，一出场即受到实务部门的争相追捧，各地接二连三地争取着“第一例禁止令”适用的案例。但是，很快现实中又出现断崖式的变化，还没有完全绽放的禁止令就受到了风霜雨打，乃至于成为刑法上的点缀。当然，这里既有立法上的原因，也有司法中难处，从而使得禁止令一度成为理论界和司法实务部门的讨论话题。同样，作为社区矫正内容的禁止令的现实状况也成为影响社区矫正发展完善的重要因素。

一、我国禁止令制度的法制历程

我国的禁止令制度首次在《刑法》中予以规定，是2011年2月25日第十一届全国人民代表大会常务委员会第十九次会议通过的《刑法修正案(八)》，其中对《刑法》第38条和第72条进行了修改，规定法院对于判处管制和宣告缓刑的犯罪分子，可以根据犯罪情况，同时禁止其在管制执行期间或者缓刑考验期限内“从事特定活动，进入特定区域、场所，接触特定的人”。之后，为了正确适用《刑法修正案（八)》，确保管制和缓刑的执行效果，于2011年4月28日最高人民法院、最高人民检察院、公安部、司法部联合发布了《关于对判处管制、宣告缓刑的犯罪分子适用禁止令有关问题的规定（试行）》[①]（以下简称《禁止令规定》），并与《刑法修正案（八）》一起于同年5月1日起施行。为了帮助广大办案人员和社会公众进一步正确理解《禁止令规定》的精神和内容，最高人民法院、最高人民检察院、公安部、司法部有关负责人就相关问题回答了记者的提问，并刊登在2011年5月4日《人民法院报》的第3版上（以下简称《答记者问》）。并且，最高人民法院于2013年1月31日发布了《关于发布第四批指导性案例的通知》，其中进一步指出，对判处管制或者宣告缓刑的未成年被告人，可以根据其犯罪的具体情况以及禁止事项与所犯罪行的关联程度，对其适用“禁止令”。对于未成年人因上网诱发犯罪的，可以禁止其在一定期限内进入网吧等特定场所。2015年8月29日，第十二届全国人民代表大会常务委员会第十六次会议通过的《刑法修正案（九）》（自2015年11月1日开始施行）又规定：“因利用职业便利实施犯罪，或者实施违背职业要求的特定义务的犯罪被判处刑罚的，人民法院可以根据犯罪情况和预防再犯罪的需要，禁止其自刑罚执行完毕之日或者假释之日起从事相关职业，期限为三年至五年。”

在程序法上，禁止令制度也有所体现。根据2012年3月14日第十一届全国人民代表大会第五次会议通过的《刑事诉讼法》（自2013年1月1日起施行）就有相关规定，比如第69条第2款：“人民法院、人民检察院和公安机关可以根据案件情况，责令被取保候审的犯罪嫌疑人、被告人遵守以下一项或者多项规定：（一）不得进入特定的场所；（二）不得与特定的人员会见或

① 该《禁止令规定》将“特定活动”规定为：（一）个人为进行违法犯罪活动而设立公司、企业、事业单位或者在设立公司、企业、事业单位后以实施犯罪为主要活动的，禁止设立公司、企业、事业单位；（二）实施证券犯罪、贷款犯罪、票据犯罪、信用卡犯罪等金融犯罪的，禁止从事证券交易、申领贷款、使用票据或者申领、使用信用卡等金融活动；（三）利用从事特定生产经营活动实施犯罪的，禁止从事相关生产经营活动；（四）附带民事赔偿义务未履行完毕，违法所得未追缴、退赔到位，或者罚金未足额缴纳的，禁止从事高消费活动；（五）其他确有必要禁止从事的活动。禁止进入的“特定区域、场所”为：（一）禁止进入夜总会、酒吧、迪厅、网吧等娱乐场所；（二）未经执行机关批准，禁止进入举办大型群众性活动的场所；（三）禁止进入中小学校区、幼儿园园区及周边地区，确因本人就学、居住等原因，经执行机关批准的除外；（四）其他确有必要禁止进入的区域、场所。禁止接触的“特定的人”为：（一）未经对方同意，禁止接触被害人及其法定代理人、近亲属；（二）未经对方同意，禁止接触证人及其法定代理人、近亲属；（三）未经对方同意，禁止接触控告人、批评人、举报人及其法定代理人、近亲属；（四）禁止接触同案犯；（五）禁止接触其他可能遭受其侵害、滋扰的人或者可能诱发其再次危害社会的人。

者通信；（三）不得从事特定的活动；（四）将护照等出入境证件、驾驶证件交执行机关保存。”其后，为了正确理解和适用修改后的《刑事诉讼法》，2012年12月20日最高人民法院发布了《关于适用〈中华人民共和国刑事诉讼法〉的解释》（自2013年1月1日起施行），其中第325条也体现了禁止令的内容：“审理被告人或者其法定代理人、辩护人、近亲属提出上诉的案件，不得加重被告人的刑罚，并应当执行下列规定：……（五）原判没有宣告禁止令的，不得增加宣告；原判宣告禁止令的，不得增加内容、延长期限……”

二、社区矫正与禁止令之间的关系

（一）法律位阶的等同性

我国禁止令首次规定刑事法律是《刑法修正案（八）》，即其对《刑法》第38条和第72条进行了修改。与我国禁止令制度首次规定于刑事法律中一样，我国社会矫正制度首次在法律中予以规定的同样是《刑法修正案（八）》，即《刑法修正案（八）》中规定：“对判处管制的犯罪分子，依法实行社区矫正。”“对宣告缓刑的犯罪分子，在缓刑考验期内，依法实行社区矫正。”“对假释的犯罪分子，在假释考验期限内，依法实行社区矫正。”因此，社区矫正和禁止令的法律位阶相同，都受到了全国人大常委会制定的法律的认可和规制。

（二）预防矫正的同质性

社区矫正与禁止令在目的上具有同质性，即都具有预防违法犯罪、教育矫正罪犯的目的。对于社区矫正来说，有学者将其目的分为特殊目的、直接目的、共同目的。社区矫正特殊目的是克服监狱的弊病，充分利用社区资源，矫正罪犯的思想与恶习，令其顺利地融入社会或健康地回归社会，预防再犯。[①] 故此，社区矫正的目的本质上就是为了预防矫正。而对于禁止令而言，《答记者问》明确指出：“禁止令的主要目的在于强化对犯罪分子的有效监管，促进其教育矫正，防止其再次危害社会。”据此可以看出，禁止令的目的本质

① 王顺安：《社区矫正研究》，山东人民出版社2008年版，第160~161页。

上也是为了预防矫正。

（三）执行主体的同一性

禁止令的执行主体在《禁止令规定》中有所体现，其中第 9 条的规定："禁止令由司法行政机关指导管理的社区矫正机构负责执行。"第 10 条规定："人民检察院对社区矫正机构执行禁制令的活动实行监督。发现有违反法律规定的情况，应当通知社区矫正机构纠正。"另外，《社区矫正实施办法》第 12 条规定："对于人民法院禁止令确定需经批准才能进入的特定区域或者场所，社区矫正人员确需进入的，应当经县级司法行政机关批准，并告知人民检察院。"第 22 条规定："发现社区矫正人员有违反监督管理规定或者人民法院禁止令情形的，司法行政机关应当及时派员调查核实情况，收集有关证明材料，提出处理意见。"而第 2 条第 1 款已明确规定"司法行政机关负责指导管理、组织实施社区矫正工作"。因此，禁止令和社区矫正的执行主体是同一的。

（四）执行对象的交叉性

社区矫正的对象根据《刑法修正案（八）》和 2012 年的《刑事诉讼法》以及《社区矫正实施办法》的规定是被判处管制的、宣告缓刑的、裁定假释的以及决定暂予监外执行的罪犯。而禁止令的对象根据《刑法修正案（八）》和《禁止令规定》是被判处管制的和宣告缓刑的罪犯，以及根据《刑法修正案（九）》的规定被裁定假释或刑满释放的罪犯，即因利用职业便利实施犯罪，或者实施违背职业要求的特定义务的犯罪被判处刑罚后获得假释或者刑罚执行完毕后的一定期限内禁止从事相关职业。因此，社区矫正的对象范围与禁制令的对象范围存在交叉，即禁止令的对象不包括暂予监外执行的罪犯，而社区矫正的对象不包括刑满释放的人。

（五）执行内容的补充性

我国在社区矫正试点之初就明确规定了社区矫正的执行内容，即 2003 年"两高两部"的《关于开展社区矫正试点工作的通知》中规定的三项任务：第一，按照我国刑法、刑事诉讼法等有关法律、法规和规章的规定，加强对社区服刑人员的管理和监督，确保刑罚的顺利实施。第二，通过多种形式，加强对社区服刑人员的思想教育、法制教育、社会公德教育，矫正其不良心理和行为，使他们悔过自新，弃恶从善，成为守法公民。第三，帮助社区服刑人员解决在就业、生活、法律、心理等方面遇到的困难和问题，以利于他们顺利适应社会生活。之后的规范性文件对此均作出了重申。至《刑法修正案（八）》及之后的法律和规范性文件又确认了对社区矫正对象适用社区矫正前的风险评估以及对管制犯、缓刑犯执行禁止令。而禁止令的具体执行内容根据《禁止令规定》为：对人民法院宣告禁止令的罪犯禁止其在管制执行期间、缓刑考验期限内“从事特定活动，进入特定区域、场所，接触特定的人”的一项或者几项。因此，禁止令的执行内容其实属于社区矫正的执行内容，是对社区矫正执行内容的补充。

（六）法律后果的融合性

根据《禁止令规定》的规定，被判处管制的犯罪分子违反禁止令，或者被宣告缓刑的犯罪分子违反禁止令尚不属于情节严重的，由负责执行禁止令的社区矫正机构所在地的公安机关依照《治安管理处罚法》第 60 条的规定处罚。若被宣告缓刑的犯罪分子违反禁止令，情节严重的，应当撤销缓刑，执行原判刑罚。所谓“情节严重”是指：（1）3 次以上违反禁止令的；（2）因违反禁止令被治安管理处罚后，再次违反禁止令的；（3）违反禁止令，发生较为严重危害后果的；（4）其他情节严重的情形。也就是说，违反禁止令的法律后果，一种是行政处罚，另一种是收监执行。而这两种法律后果也是社区矫正对象违反监督管理规定法律后果的形式，只是社区矫正对象违反监督管理规定的法律后果除此之外还有警告等形式。故而违反禁止令的法律后果是融合于社区矫正对象违反监督管理规定的法律后果之中的。

三、禁止令在社区矫正过程中存在的问题及完善对策

（一）禁止令的适用对象问题

目前禁止令的适用对象是被判处管制和宣告缓刑的罪犯，以及因利用职业便利实施犯罪，或者实施违背职业要求的特定义务的犯罪被判处刑罚后获得假释的罪犯或者刑满释放的人。那么，被裁定暂予监外执行的罪犯不能适用禁止令，但根据《刑法修正案（九）》的规定，被裁定暂予监外执行的罪

犯当刑满释放时可以适用禁止令，只是之前的犯罪是因利用职业便利实施犯罪，或者实施违背职业要求的特定义务的犯罪。于是，就出现因利用职业便利或者实施违背职业要求的特定义务的犯罪人在暂予监外执行期间不可以禁止其从事相关职业，而刑满释放时（非犯罪人身份）可以对其禁止从事相关职业的不合理现象。其实，现有规定既然认可被暂予监外执行的罪犯刑满释放后可以从事犯罪时的相关职业，当然理应也认可其在暂予监外执行期间从事犯罪时的相关职业，尤其是对于怀孕或正在哺乳自己婴儿的妇女。故而，为了消除这种不合理现象，法律应当增加被裁定暂予监外执行的罪犯也作为禁止令的适用对象。

另外，现有规定对于假释犯适用禁止令只局限于因利用职业便利实施犯罪或者实施违背职业要求的特定义务的犯罪。这种限定也存在不合理之处。对此有人认为，非因利用职业便利实施犯罪或者实施违背职业要求的特定义务的犯罪被判处刑罚的人，因符合假释条件而被假释后，其再犯危险程度未必就低于法定可设禁令之假释犯。而《刑法》第 84 条规定的假释犯应遵守的四项任务过于抽象，缺乏可操作性，也无法达到消减其再犯危险之功效。并且假释犯的这四项服刑义务的性质是承受惩罚，借禁止令设置行为人活动的禁区是为了预防其再度危害社会。因此，基于预防再犯和防卫社会的目的，只要假释犯具有再犯危险达到必要限度但又尚未符合撤销假释条件的，可以增设禁止令于其而不论其因何而被判处刑罚。① 对此，笔者表示赞同。并且，这不仅对于假释犯如此，对于拟增设的暂予监外执行的对象也应如此。总而言之，对于禁止令的适用对象应扩大到所有社区矫正的对象，而不应有“因利用职业便利实施犯罪，或者实施违背职业要求的特定义务的犯罪”的限制。

至于《刑法》对刑满释放的人进行职业禁止的规定，笔者认为没有必要。因为这不符合《刑法》对犯罪与刑罚予以规制的本质，也有重复规定之嫌，从而浪费立法资源。即使要对刑满释放者进行职业禁止，像现实中存在的已规定于相关法律中即可，如《公司法》《律师法》《会计法》《执业医师法》等。也许会有人提出疑问，依靠其他的相关法律规定可能会导致遗漏，而现

---

① 马梅凤：《预防视阈下禁止令适用对象的新探索——以〈刑法修正案（八）〉和〈刑法修正案（九）〉为切入点》，载《学术论坛》2016 年第 5 期。

实中又不可能列举详尽。的确存在这个问题，不过既然没有相关法律予以规定的情形，很可能是不便于或没必要予以规定，或者即使规定也未必合理，比如，销售人员利用职业便利盗窃财物构成盗窃罪的，若禁止其刑满释放后从事销售职业，可能就剥夺了其基本的生存条件。所以，对可能产生的遗漏不必过多顾虑，当然，对相关法律需要完善的仍然应当予以完善。

（二）禁止令的适用原则问题

首先，禁止令的适用必须遵循必要性原则。《禁止令规定》第 1 条规定："对判处管制、宣告缓刑的犯罪分子，人民法院根据犯罪情况，认为从促进犯罪分子教育矫正、有效维护社会秩序的需要出发，确有必要禁止其在管制执行期间、缓刑考验期限内从事特定活动，进入特定区域、场所，接触特定人的，可以根据刑法第三十八条第二款、第七十二条第二款的规定，同时宣告禁止令。"据此可以看出，作为预防性的管束措施的禁止令适用时必须是在"确有必要"的前提下。对此，最高人民法院前副院长张军在 2011 年全国法院刑事审判工作座谈会上就曾指出："对罪行虽然比较严重，但是几乎没有再犯可能的，就不需要，也不应当决定适用禁止令。"具体而言，就是"在决定适用禁止令之前，应当优先适用教育感化等柔性方法。当适用这些方法不能达到预防效果时，再考虑适用禁止令。即使适用禁止令，也应当是基于防卫社会和消除行为人的人身危险性所必需，且为社会伦理所允许的情况下才能适用"。[①] 比如，"禁止谈恋爱"这样的禁止令，既违背社会伦理，也起不到防卫社会的目的，可能还会适得其反，导致其人身危险性增大。另外，禁止令的适用除了以上意义的必要性理解之外，当禁止令的内容与现有的相关法律法规的规定相交叉或重合时，也失去了其存在的必要性。例如，《答记者问》中所说的："根据有关法律规定，任何人均不得吸食毒品，因此，不能作出'禁止吸食毒品'的禁止令；又如，相关法律已经规定，违反道路交通安全法律、法规的规定，发生重大交通事故，构成犯罪的，依法追究刑事责任，并由公安机关交通管理部门吊销机动车驾驶证，因此，对因犯相关罪行被判

---

① 叶良芳：《禁止令的法律性质及其司法适用——最高人民法院第 14 号指导案例评析》，载《浙江学刊》2014 年第 4 期。

处管制、宣告缓刑的犯罪分子，也不能作出‘禁止驾驶机动车’的禁止令。”所以，人民法院在作出禁止令时首先考虑的就是必要性，否则，既不经济也有损法律的权威和尊严。

其次，禁止令的适用必须遵循关联性原则。《答记者问》中指出：“应当根据犯罪分子的犯罪原因、犯罪性质、犯罪手段、犯罪后的悔罪表现、个人一贯表现等情况，充分考虑与犯罪分子所犯罪行的关联程度，有针对性地决定禁止其在管制执行期间、缓刑考验期限内‘从事特定活动，进入特定区域、场所，接触特定的人’的一项或者几项内容。”也就是说，禁止令的适用必须遵循关联性原则。在现实中，禁止令缺乏关联性的现象还比较普遍，据有人调研的情况，青海省某人民法院在60个案件中均适用相同内容的禁止令：“禁止进入夜总会、酒吧、迪厅等娱乐场所；未经执行机关批准，禁止进入举办大型群众性活动场所。”这60个案件涉及包庇罪、非法转让土地使用权罪、故意伤害罪、交通肇事罪、危险驾驶罪等10个罪名，罪名多样且案件具体情形各不相同，禁止令的内容与案件事实没有关联，缺乏针对性。① 因此，不能将某些禁止事项作为禁止令的万能膏药，而不顾及其内容与犯罪之间的关联性，不然，禁止令不仅发挥不了其功效，而且可能成为一种摆设。

最后，禁止令的适用必须遵循合理性原则。禁止令适用时若禁止的内容不合常理，既是对人们日常生活的过多干涉，也不利于禁止令得到有效执行。比如，虽然是在交通工具上实施的盗窃行为，被判刑后若适用禁止令的，就不能做出“禁止乘坐公共交通工具”的禁止令。因为乘坐交通工具与人们的日常生活紧密相连，可以说是人们正当的日常生活的一个重要组成部分，若做出如此禁止令，无异于对人们正常生活的过于干涉，且这样不合理的禁止令也难以得到有效执行。另外，禁止令适用时不合理性还表现为禁止令内容的不明确。如有人通过调研得知，全国有3个省（直辖市）的5个人民法院的70份判决直接禁止罪犯从事高消费活动。由于“高消费”与个人的收入水平、消费观念以及当地的经济发展水平有很大的关系，因此，这里就存在标准不统一、内容不明确的问题。② 这样的不合理禁止令同样在现实中难以有效

① 李洪杰：《刑事禁止令适用状况实证研究》，载《法商研究》2017年第4期。
② 李洪杰：《刑事禁止令适用状况实证研究》，载《法商研究》2017年第4期。

执行。

（三）违反禁止令的处罚问题

违反禁止令的法律后果之一是依照《治安管理处罚法》第60条[①]的规定处罚，但有人对此提出质疑，认为：一是《治安管理处罚法》并无对应规定的情况下如此规定处罚从法理上说不通，除非修改《治安管理处罚法》来增加并明确适用条款；二是即使修改《治安管理处罚法》也会有新的问题随之而来，即禁止令的性质只是一种强制性约束措施，本身不是对当事人科以新的义务，不带有惩罚性质，若如此修改，其实是科以当事人新的义务，且义务来源不是具有普适性的法律规定，而是来自只针对部分人适用的人民法院判决，故其法理依据存疑。[②] 不过，笔者认为，《治安管理处罚法》第60条的内容虽然没有出现“禁止令”的相关规定，实际上是包含这些内容的。因为禁止令已规定于我国《刑法》《禁止令规定》中，对其违反当然属于“违反法律、行政法规和国务院公安部门有关监督管理规定”，且第60条也将管制、缓刑作为适用对象。当然，遵守禁止令的义务也不是来自法院的判决，法院只是适用禁止令且适用时有一定的自由裁量权而已。所以，现有规定不存在法理和逻辑上的障碍。

至于禁止令用于管制和缓刑而违令的后果不同，也有人提出疑问。认为禁止令在管制与缓刑中规定的内容是完全一致的，但是其在管制和缓刑适用中所产生的违令后果却是不同的，甚至是失衡的。[③] 缓刑犯违反禁止令，重则收监执行，也就是将被剥夺短则1个月、长则3年的人身自由，其严重性与管制执行过程中违令行为可能引致的处罚——按照《治安管理处罚法》第60条的规定，最多被行政拘留10日，并处最高500元罚款——显然不可同日而

---

① 《治安管理处罚法》第60条规定：“有下列行为之一的，处五日以上十日以下拘留，并处二百元以上五百元以下罚款：（一）……（二）……（三）……（四）被依法执行管制、剥夺政治权利或者在缓刑、暂予监外执行中的罪犯或者被依法采取刑事强制措施的人，有违反法律、行政法规和国务院公安部门有关监督管理规定的行为。”

② 孙建保：《刑法“禁止令”：求解与质疑》，载《云南大学学报法学版》2012年第1期。

③ 张凯伦、梁志波：《推行禁止令需要分析解决内在冲突》，载《检察日报》2012年2月20日。

语，差异悬殊。另外，缓刑的情况下只给行为人留下一次的违令机会①，而在管制的情况下，却给行为人留下了难以数计的机会，多次违令显然昭示着违令者更大的人身危险性，但偏偏缓刑中唯一一次（按照现有规定应当是三次——笔者注）机会招致的后果却往往要比管制中难以数计的机会招致的后果的总和还要严重，此可谓致命悖论。故而建议对于违反禁止令的行为，完全可以由矫正机构通过施加某种不利后果或给予某种消极评价，如减少矫正表现积分、公布违令行为等柔性的方式来加以监督，而非一定要采取实施治安处罚或撤销缓刑等刚性的惩罚措施。② 不过，也有人从禁止令的法律性质角度，论证了管制犯和缓刑犯违反禁止令的这种差异处罚的合理性。认为“管制中的禁止令”与“缓刑中的禁止令”性质不同，两者发挥着不同的法律功能，前者起着加强管制的管束力度的作用，后者则是作为缓刑考验的规则而存在，两种差异化的法律功能是由禁止令所依附的刑罚制度的性质决定的。③还有人认为，现有规定的这种差异性法律后果，说明立法上对这种差异性已有预警。禁止令作为一种新制度，尚在发展完善中，其包涵的内容、发挥的作用、承担的功能较为复杂。禁止令实际上作为一种综合性的处遇措施，涵盖了外国刑法中资格性、保安处分等制度的某些内容，这种多样性与其依附适用的不同刑罚制度相结合，起着不同的作用，所以违反不同性质的禁止令产生不同的后果，很难避免。④ 笔者赞同由于管制与缓刑的性质不同而违令处罚差异性不具有不合理性的看法。我们不能由于义务内容相同就一定得出不利后果相同的结论，因为义务内容只是形式的要求，而违反义务的本体是千差万别的实质，形式是有限的，实质是各不相同的，法律只能对有限的形式规制，而不可能对无限的实质罗列。正如法律对各种禁止性义务的规定一样，而实践中违反禁止性义务的情形千奇百怪，甚至对同一项禁止性义务的违反也存在着极大的差别，当然对其处罚也必然存在着轻重差异。同样，管制和

① 根据《禁止令规定》缓刑犯3次违反禁止令才属于“情节严重”，也即符合撤销缓刑而收监执行的条件。

② 孙建保：《刑法“禁止令”：求解与质疑》，载《云南大学学报法学版》2012年第1期。

③ 李怀胜：《禁止令的法律性质及其改革方向》，载《中国刑事法杂志》2011年第11期。

④ 高铭暄、岳蓓玲：《论刑法禁止令的司法适用》，载《南昌大学学报（人文社会科学版）》2013年第4期。

缓刑的性质不同，不仅是其依附的刑罚制度的不同，最本质的还是原初的犯罪性质（社会危害性和人身危险性）的不同，这也就决定了之后对其预防等所采取的力度和措施的迥异。甚至换个角度来看，这种本质的差异也决定了对其之后“奖励”的差异，假如把违反义务得到轻重不同的处罚后果之间的差额也比喻为“奖励”的话。

（四）禁止令的适用程序问题

对于禁止令的适用程序，《禁止令规定》中只规定了刑事诉讼各方参与禁止令的程序及影响禁止令决定的权利（力）和方式，即第7条的规定：“人民检察院在提起公诉时，对可能判处管制、宣告缓刑的被告人可以提出宣告禁止令的建议。当事人、辩护人、诉讼代理人可以就应否对被告人宣告禁止令提出意见，并说明理由。”“公安机关在移送审查起诉时，可以根据犯罪嫌疑人涉嫌犯罪的情况，就应否宣告禁止令及宣告何种禁止令，向人民检察院提出意见。”不过，据学者调研，在现实中，控辩双方对适用禁止令基本上都持默认的态度，很少提出自己的主张。法律明确赋予了各方权利（力），但各方却怠于行使，其主要原因在于各方都重点关注人民法院对被告人的定罪量刑以及刑罚的执行方式，而对被告人的监管和考察方式不太关心。① 当然，出现这种情形既有可能是人们对禁止令还不太了解，也有可能认为禁止令对于定罪量刑以及刑罚执行来说属于“副产品”，没有引起足够的重视。由此，法官对禁止令的适用自由裁量权的空间也变得较大。为了进一步规范禁止令的适用，程序保障的意义毋庸置疑。于是，有学者建议，禁止令应当有其独立的适用程序，而不应是在量刑程序中与管制判决、缓刑宣告一并作出。换言之，法官应当按照普通刑事诉讼程序对案件的定性和量刑问题作出裁决，在此基础上，再审理是否宣告禁止令的问题。禁止令的审理程序，可以参照量刑程序进行。即先由控方或被害人陈述适用禁止令的理由，再由辩方反驳不应适用禁止令的理由，然后是互相辩论，最后由法官居中裁断。② 不过，笔者认为，这样的设想并不符合我国的实际情况。在我国，定罪与量刑本身就是融

---

① 李洪杰：《刑事禁止令适用状况实证研究》，载《法商研究》2017年第4期。

② 叶良芳：《禁止令的法律性质及其司法适用——最高人民法院第14号指导案例评析》，载《浙江学刊》2014年第4期。

为一体的，而将附属于量刑的禁止令的适用予以独立的程序规制，这是不现实的。虽然禁止令适用的程序性完善非常重要，但起码也要与量刑程序的完善结合而通盘进行，否则确有本末倒置之嫌。因此，根据我国现状，将禁止令予以独立的适用程序还不具备法制体系性的条件。至于现实的适用中出现的一些不尽如人意的问题，应在逐步完善的过程中加强宣传教育工作，使这个新事物慢慢地浸入社会，从而让人们（无论是司法工作人员还是广大民众）有一个理解、接纳的过程。

对于禁止令的异议救济程序，同样，法律的规定也是付诸阙如。目前，有少数人认为，不能单独就禁止令提出上诉、抗诉或申诉。如有人认为根据现有规定可依据二审程序审查禁止令，理由为：针对判决主文部分，若引起第二审程序，依据《刑事诉讼法》第186条的规定，第二审人民法院应当就第一审判决认定的事实和适用法律进行全面审查，不受上诉或抗诉范围的限制。故不排除二审法院对判决书中宣告的禁止令依法审查，也不排除当事人可以就禁止令的宣告提出上诉，检察机关可以抗诉。依据该法第189条规定经过审理后处理方式，其中第2项规定，对于原判决认定事实没有错误，但适用法律有错误，或者量刑不当的，应当改判。而禁止令是依附于所判的管制或所适用的缓刑，属于量刑的一部分，若出现宣告不当的情形，故而可以依法改判，但必须遵守上诉不加刑的原则，只能对其中宣告不当的予以撤销，期限过长的予以缩短。① 但是，绝大多数的人都认为，应当给予禁止令单独提出上诉、抗诉或申诉的救济程序。理由大致有：第一，作为判决主文一部分的禁止令，直接关涉当事人实体权利的一审判决主文，应当有相应的权利救济渠道，也即应当允许犯罪人上诉，防止可能发生的不适当禁止。第二，如果犯罪分子违反禁止令被实施治安管理处罚，其可以通过提起行政诉讼方式寻求救济，那么，同一项权利在刑事程序中更有理由得到保障。第三，根据《最高人民法院关于死刑缓期执行限制减刑案件审理程序若干问题的规定》第2条的规定，被告人对第一审人民法院作出的限制减刑判决不服的，可以提出上诉。该规定反映出来的保障被告人权利的理念同样适用于与其类同的禁止

① 徐松青、张华：《〈刑法修正案（八）〉若干条文解读与思考》，载《法律适用》2011年第8期。

令的判决中。[①] 第四，如果不允许被告人对禁制令判决提出上诉，也就意味着同样不允许检察机关提出抗诉，对被告人极不公平，而且也变相剥夺了检察机关对禁制令使用合法与否的法律监督权，这与《禁止令规定》第7、10条的精神相冲突。第五，《最高人民法院关于适用〈中华人民共和国刑事诉讼法〉的解释》关于上诉不加刑原则适用的规定中可谓间接认可了禁止令的可诉性问题。[②] 第六，禁止令虽然不是特定的刑罚种类，但毕竟涉及对被告人的日常活动、择业或者生活方式等的限制，一定程度上影响到被告人的人身和行动自由，应当赋予被适用禁止令的当事人对禁止令适用的正当性和必要性提出异议的权利。第七，赋予被告人上诉权或申诉权是规范法官自由裁量权的必要。[③] 笔者赞同大多数人的观点，毕竟根据《答记者问》宣告禁止令应当作为裁判文书主文部分的单独一项内容，也具有一定的独立处分权利的属性，理应为此给予其单独救济的程序。总之，无论是根据现有的类似情形的法律规定来看，还是根据法理的逻辑推断来看，都应当给予禁止令异议独立的救济程序。

---

① 孙建保：《刑法禁止令司法适用探析》，载《人民司法》2012年第3期。

② 王迪生、袁登明：《刑事禁止令适用疑难问题研究——基于刑事审判的观察》，载《法律适用》2017年第9期。

③ 余剑、邵旻：《论刑法禁止令制度的司法适用》，载《法学》2011年第11期。

后　　记

每个人都有过急盼放假、期待过年的童年时光。那时，什么光阴荏苒、岁月如梭等美丽的辞藻离我们最近的距离也只是出现在作业本上。然而，人至中年，它们已进入我们的生活。十年，一个年代的跨越，说长不长，说短不短，但对于我而言十年前的情境犹如昨日的画面。2008 年，定格人生的重要转折点，申领结婚证，博士毕业，进入上海交通大学博士后流动站，当然，还遇到上海历史上罕见的一场大雪。十年后，今天，上海下起了今年的第一场雪，虽然与十年前的那场雪无法比肩，但对于上海来说已实属难得。在如今信息高度发达，"朋友圈" 盛行的时代，看到几天之前就有多少人在翘首期盼着这场雪的到来啊！好在不负众望。此时，我，在办公室，虽然离家驾车需一个小时的车程，但为了集中精力完成本书稿，一来校就连续住上几天。童年时急盼的寒假已经开始，期待的春节也即将来临，然而如今在寂静空旷的校园完全寻找不到童年时的期盼，取而代之的是在办公室里的奋笔疾书。在写作之余，也会打开手机浏览一下"朋友圈"，突然一张相片及所配文字给出了自己所做的一切的答案。十年前人生定格的转折节点，不仅使自己从事了一直向往的高校教师工作，还使自己已经为人夫为人父，这一切也尽显于这张相片之中。

相片是一张父子二人在雨中的背影，父亲左手提着公文包，右手撑着雨伞放置于身边与之并行的三四岁左右的儿子的上方，自己的后背已被雨水完全淋湿。所配文字为："什么是爸爸？爸爸左手提的是事业，右手撑的是希望，背上扛的是风雨……可以为你遮风挡雨，但路还得自己走。给不了你最好，但给了你全部！"

现在，给自己的所为找任何解释的理由已属多余。除了感激之外，还能说什么？谢谢内人的理解和支持！谢谢犬子的乖巧和配合！尤其需要提及的是中国法制出版社的陈兴编辑，由于自己担任了几年校学科建设的秘书，虽然与其未曾有机会谋面，但这几年由于工作关系进行的电话和邮件联系还是相当频繁，传达出其有着不同寻常的亲和力和儒雅的气质，以及他那精益求精的工作态度，以至于自己经常将其与历史上和身边的人进行配模，以此来展现其实在。不过，这层神秘的面纱早晚会得以揭示，只是希望能早日到来。

本书所选的十二个专题既是目前社区矫正领域实践中和理论界探讨较为集中的主题，也是自己在课堂上布置学生查找资料来予以讨论的话题。由于本人能力所限，在对各个专题的论述中，有些只是提出自己的一些浅显的看法，甚至没有进行深入的论证，若能够为其他人的拓展深入起到铺路石的作用，也就聊以自慰。当然，学术需要宽容，希望读者在给予斧正的同时也予以相应的宽容。

是为记。

骆　群

2018 年 1 月 25 日于野马浜

图书在版编目（CIP）数据

社区矫正专题研究／骆群著．—北京：中国法制出版社，2018.3

ISBN 978-7-5093-9348-2

Ⅰ.①社…　Ⅱ.①骆…　Ⅲ.①社区-监督改造-研究-中国　Ⅳ.①D926.74

中国版本图书馆CIP数据核字（2018）第050463号

策划编辑/责任编辑　陈兴　赵文博　　　封面设计　蒋怡

社区矫正专题研究

SHEQU JIAOZHENG ZHUANTI YANJIU

著者/骆群

经销/新华书店

印刷/北京京华虎彩印刷有限公司

开本/710毫米×1000毫米　16开　　　印张/12.25　字数/205千

版次/2018年3月第1版　　　2018年3月第1次印刷

中国法制出版社出版

书号 ISBN 978-7-5093-9348-2　　　定价：39.00元

北京西单横二条2号

邮政编码 100031　　　传真：66031119

网址：http：//www.zgfzs.com　　　编辑部电话：010-66010405

市场营销部电话：010-66033393　　　邮购部电话：010-66033288

（如有印装质量问题，请与本社编务印务管理部联系调换。电话：010-66032926）